Informazioni lega

© 2022

Autore ed editore: M.Eng. Johan..... .....

A94689H39927F

E-mail: 3dtech@gmx.de

L'impronta completa del libro si trova nelle ultime pagine!

Questo lavoro è protetto da copyright

L'opera, comprese le sue parti, è protetta da copyright. Qualsiasi uso al di fuori degli stretti limiti della legge sul copyright non è permesso senza il consenso dell'autore. Questo si applica in particolare alla riproduzione elettronica o di altro tipo, alla traduzione, alla distribuzione e alla messa a disposizione del pubblico. Nessuna parte del lavoro può essere riprodotta, elaborata o distribuita senza il permesso scritto dell'autore!

Tutte le informazioni contenute in questo libro sono state compilate al meglio delle nostre conoscenze e accuratamente controllate. Tuttavia, l'editore e l'autore non garantiscono l'attualità, l'accuratezza, la completezza e la qualità delle informazioni fornite. Questo libro è solo a scopo educativo e non costituisce una raccomandazione di azione. L'uso di questo libro e l'implementazione delle informazioni in esso contenute è espressamente a rischio dell'utente. In particolare, nessuna garanzia o responsabilità viene data per danni di natura materiale o immateriale da parte dell'autore e dell'editore per l'uso o il non uso delle informazioni in questo libro. Questo libro non pretende di essere completo o privo di errori. Le rivendicazioni legali e le richieste di risarcimento danni sono escluse. Gli operatori dei rispettivi siti web sono esclusivamente responsabili dei contenuti dei siti web stampati in questo libro. L'editore e l'autore non hanno alcuna influenza sul design e sui contenuti dei siti internet di terzi. L'editore e l'autore prendono quindi le distanze da tutti i contenuti esterni. Al momento dell'uso, nessun contenuto illegale era presente sui siti web. I marchi e i nomi comuni citati in questo libro rimangono di proprietà esclusiva del rispettivo autore o titolare dei diritti.

Premessa

Grazie mille per aver scelto questo libro!

Ciao, sei interessato a progettare, simulare e produrre oggetti tridimensionali utilizzando Fusion 360 di Autodesk?

Allora questo è il libro giusto per te! Sono un ingegnere e vorrei presentarvi il fantastico programma Fusion 360 nell'uso pratico in modo semplice e facile da capire. A proposito, come utente privato puoi anche usare Fusion 360 GRATIS con una licenza hobbistica!

Ecco il link per il download:

https://www.autodesk.de/products/fusion-360/free-trial

Questo corso completo e dettagliato è rivolto specificamente ai principianti e mostra fin dall'inizio come i disegni CAD, le animazioni, le simulazioni e la pianificazione della produzione hanno successo. Oltre alle spiegazioni teoriche sull'uso del software e sull'approccio, in questo corso imparerai soprattutto attraverso progetti di design pratici ed interessanti!

In questo corso imparerai tutto quello che devi sapere su Fusion 360 come principiante! Meglio iniziare oggi con questo libro nell'affascinante mondo di Fusion 360! Andiamo!

1 Introduzione: Ambito del corso e software

1.1 Cosa aspettarsi e cosa imparerai in questo corso

Ciao e benvenuto al corso di Fusion 360 per principianti!

In questo corso troverai un'introduzione alle basi del multifunzionale e davvero ottimo programma Fusion 360 di Autodesk e in particolare imparerai in dettaglio a conoscere la progettazione CAD, l'animazione, la simulazione e la produzione dei tuoi componenti e molto altro. Come ingegnere, condivido con te passo dopo passo le mie conoscenze frutto dei miei studi e della pratica professionale, in modo che tu possa raggiungere il successo nell'apprendimento ottimale con basi teoriche da un lato, ma soprattutto con esempi pratici dall'altro. Pertanto, dopo un'introduzione teorica, questo corso presenterà molti esempi pratici di progettazione per rendere il processo di apprendimento il più facile ed efficiente possibile.

Con Fusion 360 di Autodesk, come con altri programmi CAD, si può non solo progettare. In realtà, questo programma combina e collega diverse discipline ingegneristiche come CAD ("Computer Aided Design"), CAM ("Computer Aided Manufacturing") e FEM ("Finite Element Method"), il tutto riassunto in CAE ("Computer Aided Engineering"), in una sola piattaforma. Fusion 360 può quindi essere utilizzato non solo per creare componenti o assemblaggi, ma anche per effettuare simulazioni e animazioni, nonché per creare la programmazione di una macchina CNC. Il focus principale di questo corso è la progettazione con Fusion 360, cioè la parte CAD del programma. Tuttavia, le altre funzioni di Fusion 360 non saranno trascurate!

Come detto prima, l'abbreviazione CAD sta per "Computer Aided Design". Il software CAD è usato per creare o modificare oggetti tridimensionali. A partire da semplici parti individuali, attraverso parti complesse, fino a interi gruppi che possono essere assemblati virtualmente.

In questo corso, rivolto specificamente ai principianti, imparerai come è strutturato l'ambiente di Fusion 360 e come utilizzare al meglio ogni sua caratteristica per creare oggetti tridimensionali. Ogni progetto di disegno, animazione e simulazione può essere seguito passo dopo passo, dandoti una facile introduzione al materiale e facendoti conoscere meglio con ogni progetto, le molte funzioni del programma.

Se sei interessato anche alla stampa 3D, è possibile in seguito materializzare gli oggetti. In breve, in questo corso potrai imparare in dettaglio quanto segue:

- Trovare la tua strada nel programma Fusion 360 in modo rapido e sicuro

- Padroneggiare rapidamente e con sicurezza tutte le funzioni importanti di Fusion 360
- Imparare le basi della progettazione CAD e i diversi metodi di lavoro
- Creare schizzi 2D e oggetti 3D nell'area del CAD / Design
- Creare parti e assemblaggi in CAD / Design
- Renderizzare e animare parti e assemblaggi.
- Simulare parti individuali e assemblaggi, cioè applicare carichi e visualizzare sollecitazioni e deformazioni (simulazioni FEM)
- Imparare il processo di produzione assistita dal computer (CAM) in Fusion 360 e preparare una semplice parte per la fresatura
- Conoscere l'ambiente di disegno tecnico in Fusion 360 e creare disegni tecnici, utilizzando anche un esempio pratico

È preferibile seguire l'ordine dato nel corso, perché le lezioni sono costruite l'una sull'altra. Se non capisci subito i singoli capitoli, funzioni o comandi o ti manca la spiegazione di una funzione, rimani sintonizzato. Il corso è strutturato in modo tale che tutte le funzioni importanti e di base siano sufficientemente spiegate. A volte, però, questo viene fatto in un altro capitolo per rendere il corso il più chiaro e pratico possibile utilizzando un approccio molto intuitivo a Fusion 360 e alla progettazione.

1.2 Fusion 360 e download del programma

Fusion 360 di Autodesk offre un'interfaccia utente chiara e semplice ed è anche disponibile gratuitamente per gli utenti privati grazie a una cosiddetta licenza personale! Anche se questa versione ha una gamma di funzioni un po' limitata, è perfettamente adeguata agli utenti privati e hobbisti. Per tutti gli utenti che vogliono usare Fusion 360 commercialmente, c'è una versione completa disponibile a pagamento, attualmente a partire da 60 euro al mese.

Dopo aver creato un account utente con Autodesk, puoi decidere per una delle due versioni dopo aver confrontato la gamma di funzioni. Ma come ho detto, essendo un utente privato o per hobby, puoi sicuramente scegliere la versione gratuita! Qui dovrai privarti di "Generative Design" e "Simulation", perché avrai bisogno di una licenza a pagamento per utilizzare queste due funzioni, ma per gli utenti hobbisti e privati spesso non sono affatto necessarie. Imparerai più tardi cosa puoi fare con queste due funzioni. Tuttavia, come utente domestico, puoi anche semplicemente iniziare con la versione gratuita e aggiornare in seguito, se necessario. È possibile scaricare Fusion 360 direttamente online su https://www.autodesk.de/products/fusion-360/free-trial dopo aver creato un account utente.

La struttura delle caratteristiche del disegno è pressoché identica in tutti i comuni programmi CAD usati da ingegneri e tecnici nel loro lavoro quotidiano. Per lo più, si usano altre licenze di programmi CAD professionali come SolidWorks, Catia, SolidEdge o AutoCAD e Autodesk Inventor, che costano da una a diverse migliaia di euro e quindi di solito sono solo per utenti professionali e lavoratori autonomi. Di questi programmi, tuttavia, di solito è possibile ottenere una versione di prova di 30 giorni o anche di più. Come studente, hai anche la possibilità di ottenere una licenza gratuita per studenti per la maggior parte dei programmi CAD per tutta la durata dei tuoi studi.

E ora cominciamo! Prima di arrivare alle basi del disegno CAD, parleremo delle impostazioni generali del programma e familiarizzeremo con l'interfaccia e le funzioni del programma.

2 Preparazione: primi passi con Fusion 360

2.1 Regola le impostazioni generali

Quando apriamo il programma, ci viene chiesto per prima cosa di creare o di unirci a una squadra. Questo è necessario e utile perché Fusion 360 è ottimo per lavorare su file e progetti condivisi tra gli utenti. Clicca su "Create a Team" o unisciti a una squadra che conosci. Quando crei una nuova squadra, puoi darle qualsiasi nome tu voglia. Facoltativamente, puoi poi invitare le persone a unirsi alla squadra per lavorare su dei progetti insieme, se lo desideri.

Figura 1: Dopo aver avviato il programma per la prima volta, si deve creare una squadra

Entriamo quindi nell'ambiente del programma Fusion 360.

Controlliamo prima alcune impostazioni generali del programma per creare la stessa situazione di partenza. Per farlo, clicca sull'icona del tuo account utente in alto a destra e poi seleziona "Preferences" o "Preferenze".

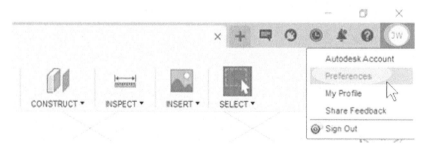

Figura 2: Aprire le impostazioni generali del programma "Preferences"

Si apre una finestra con le impostazioni generali.

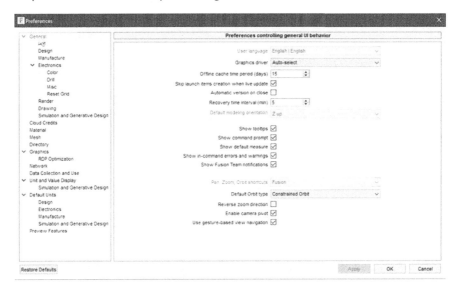

Figura 3: Impostazioni generali nell'area "General"

Nella sezione "General", è possibile impostare la lingua del programma. Per ragioni organizzative in questo corso, lascio la lingua del programma in inglese. Questo è vantaggioso per te anche per orientarti meglio nei forum o nelle comunità di internet, che sono per lo più di lingua inglese. Prima controlla se "z up" è nel campo "default modeling orientation" e se "Fusion 360" è selezionato nel campo "Pan, Zoom, Orbit Shortcuts".

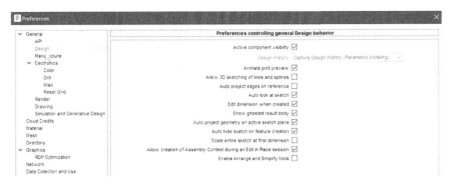

Figura 4: Impostazioni generali nell'area "General" -> "Design"

Inoltre, assicurati che sotto la voce "Design" sia selezionato il valore "Capture Design History (Parametric Modeling)". Altre impostazioni importanti si trovano sotto "Default units", cioè "Unità predefinite". Qui è possibile impostare l'unità predefinita per ogni parte del software. Nel nostro caso vogliamo usare il sistema metrico, quindi

9

controlliamo che in "Design", "Electronics", "Manufacture" così come "Simulation and Generative Design" l'unità "mm" sia selezionata ovunque. Tutte le altre impostazioni sono opzionali e possono essere modificate a proprio piacimento. Se vuoi, basta cliccare sui singoli punti. Altrimenti, teniamo i valori già impostati e chiudiamo le impostazioni. Nel prossimo capitolo daremo un primo sguardo all'ambiente del programma e alle funzioni di Fusion 360.

2.2 Presentazione dell'ambiente e delle funzioni del programma

Diamo prima un'occhiata all'ambiente del programma e alle barre dei menu, che si trovano nella zona superiore e laterale.

In alto a sinistra, c'è l'opzione per mostrare e nascondere il "Data Panel", che si apre sul lato sinistro. In questo "Data Panel", possono essere gestiti tutti i progetti per il proprio team, e possono essere richiamati le librerie e gli esempi. Nella barra in alto, si possono anche richiamare le funzioni di base e le notifiche. Il "Job Status" mostra se stai lavorando online nel cloud o solo offline, cioè se i file su cui stai lavorando sono sincronizzati con il tuo team, se ne hai uno, o no.

Figura 5: Esecuzione dei comandi di base nella barra in alto

Con la scheda di selezione evidenziata della barra del menu principale in basso, è possibile passare tra le singole sotto funzioni di Fusion 360.

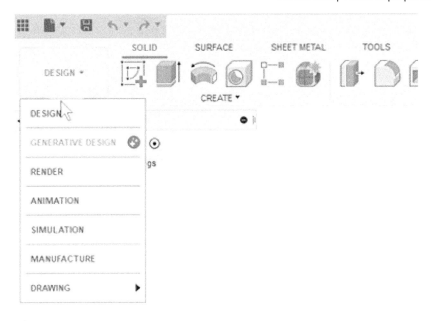

Figura 6: La scelta tra le singole sezioni di Fusion 360

In questa prima sezione ci occuperemo prima della sotto funzione "Design", cioè la progettazione CAD.

Ci sono cinque diverse schede di menu nella sezione Design. "Solid", "Surface", "Mesh", "Sheet metal" e "Tools". A parte "Tools", queste schede di menu sono identiche nella struttura. Ognuna di esse contiene le aree "Create", "Modify", "Assemble", "Construct", "Inspect", "Insert" e "Select".

Figura 7: Le diverse schede della sezione "Design"

A seconda di ciò che vuoi progettare, devi scegliere una delle tre sezioni. Se vuoi creare un solido, rimani nella sezione "Solid", se vuoi creare solo una superficie, usa la sezione "Surface" e se vuoi creare una parte in lamiera, passa alla scheda "Sheet metal". In questo corso tratteremo principalmente la sezione "Solid", che comprende tutte le caratteristiche importanti di progettazione di un corso di base. Tralasciamo la sezione

"Tools", poiché conosceremo le funzioni di questa scheda altrove. Infine, discuteremo le differenze e le peculiarità di "Surface" e "Sheet Metal".

Come ho detto, le tre schede hanno una struttura pressoché identica. Diamo un'occhiata più da vicino. Nell'area "Create" delle schede ci sono tutte le funzioni con le quali, in parole povere, si può creare qualcosa. Nell'area "Modify", invece, si trovano tutte le funzioni con cui si può cambiare un oggetto già creato. Nell'area "Assemble" si trovano tutte le funzioni per l'assemblaggio di parti singole e nell'area "Construct" tutti gli aiuti per la progettazione, come piani, assi o punti ausiliari. L'area "Inspect" contiene strumenti per analizzare ad esempio, le curve o le proprietà di massa di una parte. Le ultime aree "Insert" e "Select" sono relativamente auto esplicative.

Figura 8: Comandi delle singole sezioni di menu nell'area "Design"

Non spaventarti della moltitudine di elementi e funzioni. Durante il corso conosceremo i singoli elementi passo dopo passo e in dettaglio, attraverso la pratica. Pertanto, solo questa breve menzione chiara.

Se guardiamo l'area del livello di disegno, troviamo la struttura del file di costruzione nell'area a sinistra. Qui troviamo le impostazioni specifiche per l'unità documento, che possiamo modificare cliccando sul piccolo simbolo della matita. Inoltre, tutte le viste, così come l'origine, i livelli e gli assi, sono disponibili qui. La funzione principale di questa struttura, tuttavia, è quella di elencare i componenti, corpi, elementi di costruzione, ecc. che sono stati creati per poterli attivare/disattivare o modificare. Vedremo più tardi come funziona. È anche un bene che tu prenda l'abitudine di dare un nome ai singoli componenti, alle giunture ed eventualmente agli schizzi e ai livelli fin dall'inizio, in modo da trovarti più facilmente in seguito. Basta fare doppio clic sull'elemento e inserire un nuovo nome.

Figura 9: La struttura "browser" del file di costruzione con le singole cartelle

Nell'area in alto a destra c'è il cubo dell'orbita. Qui puoi selezionare le viste della costruzione corrente e ruotare l'ambiente di disegno incluso l'oggetto.

L'ambiente di disegno può anche essere ruotato tenendo premuto il tasto SHIFT e muovendo il mouse allo stesso tempo. Lo spostamento è possibile tenendo la rotella del mouse premuta e facendo un movimento col mouse. Lo zoom si fa come al solito girando la rotella del mouse.

Con un clic destro del mouse, possiamo richiamare il menu di selezione rapida, con il quale può essere eseguita rapidamente una varietà di comandi. Muoviti avanti e indietro tra i menu senza cliccare.

Figura 10: Menu di selezione rapida (aperto con un clic destro sul livello del disegno)

Nella zona inferiore dell'ambiente di disegno, troviamo la possibilità di annotare commenti sulla costruzione in basso a sinistra e nella zona centrale c'è invece una barra di selezione rapida, con la quale sono possibili anche alcune funzioni di base, specialmente per la visualizzazione.

Infine, la barra in basso è la "timeline", in cui sono elencate le singole fasi di elaborazione e che può essere facilmente percorsa cronologicamente. Vedremo cosa significa questo in termini concreti.

Figura 11: Zona inferiore dell'ambiente di disegno

Molto bene, ora possiamo già orientarci nell'ambiente del programma e possiamo iniziare con il prossimo capitolo.

Come già detto, i comuni programmi CAD funzionano in modo molto simile. Diamo ora un'occhiata a questo modo di lavorare.

Sezione I: Progettazione CAD

3 Fondamenti di progettazione CAD: Modalità di funzionamento

3.1 Area di schizzo 2D

Ogni componente 3D deve prima essere iniziato come uno schizzo 2D. Qui è dove per così dire, definiamo la geometria dell'oggetto. Immagina di dare un'occhiata alla parte superiore di un semplice oggetto tridimensionale. Per esempio, cosa vedi in un cilindro quando lo guardi dall'alto, con un perfetto angolo retto rispetto all'asse?

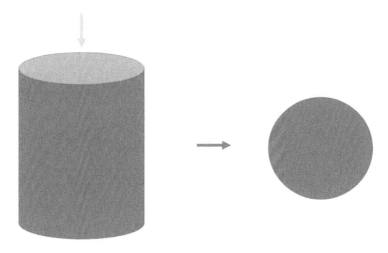

Figura 12: Un cilindro tridimensionale ha come forma di base un cerchio 2D

Esatto, un cerchio bidimensionale, nient'altro. Ed è proprio a partire da questa forma 2D che il cilindro viene creato anche in un programma CAD, analogamente a tutti gli altri elementi. È proprio questa geometria del cerchio che dobbiamo disegnare per questo oggetto, per esempio, nel primo passaggio. La forma tridimensionale è poi ottenuta attraverso ulteriori passaggi e comandi. Per lo schizzo 2D, per esempio, può essere considerata anche la superficie superiore di un oggetto o una superficie laterale, o anche una superficie parziale. Questo richiede una certa immaginazione spaziale.

Prima di fare il primo schizzo 2D, puoi togliere il segno di spunta da "Layout Grid" per l'ambiente 3D nella barra del menu inferiore. Poi la griglia viene soppressa e ottieni una visualizzazione senza griglia, che secondo me rappresenta l'oggetto costruito in modo più puro e più bello. Tuttavia, questa impostazione è una questione di gusto e non deve necessariamente essere fatta.

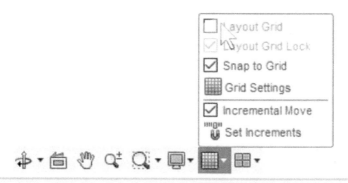

Figura 13: Nell'area inferiore del livello di disegno, disattiva "Layout Grid", se necessario

Proviamo ora a costruire il nostro primo componente. Per fare questo, come già detto, dobbiamo prima creare uno schizzo bidimensionale. All'inizio di uno schizzo, nell'area "Design", seleziona "Create Sketch" dal menu a tendina e poi seleziona un piano dello spazio tridimensionale su cui vogliamo disegnare il nostro schizzo 2D.

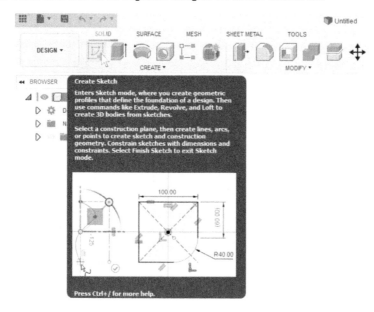

Figura 14: Seleziona "Create Sketch"

In alternativa, puoi anche selezionare il piano di schizzo nell'albero delle strutture sul lato sinistro. Nel nostro esempio con il cilindro, vogliamo guardare la superficie circolare o la superficie superiore dall'alto, quindi dovremmo selezionare il piano x-y, cioè il piano che forma gli assi "x" e "y".

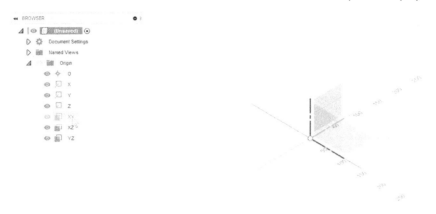

Figura 15: Selezionare un piano di schizzo, ad esempio il piano x-y

Quale piano scegli è fondamentalmente importante solo per l'allineamento delle viste. Il programma apre quindi il piano di schizzo selezionato. Come noterai, la barra del menu "Sketch" si apre automaticamente nell'area superiore, con la quale puoi creare elementi di geometria 2D e modificarli, così come creare i cosiddetti "constraints" o dipendenze o, in altri programmi, relazioni o condizioni.

Figura 16: Area di schizzo 2D in Fusion 360

Inoltre, le familiari voci di menu "Inspect", "Insert" e "Select", cioè "Check, Insert, Select", così come l'opzione per lasciare il piano di schizzo 2D e terminare lo schizzo. Inoltre, la "Sketch Palette" / "Sketch Palette" sul lato destro con opzioni utili per la visualizzazione e con impostazioni per l'ambiente di disegno.

Una varietà di elementi di disegno di base è ora disponibile per creare la geometria di uno schizzo 2D. Selezionando una "linea", per esempio, una geometria può essere formata da elementi a forma di linea. Proviamo questo. Per farlo, basta cliccare su un punto qualsiasi, per esempio sul centro del sistema di coordinate, e iniziare un disegno cliccando e trascinando con il mouse. Il disegno dovrebbe corrispondere, per esempio, alla sezione trasversale dell'oggetto 3D desiderato o, nel caso di oggetti semplici, alla superficie superiore o alla sezione trasversale dell'oggetto. Inserisci le dimensioni desiderate usando la tastiera. Si può passare dalla misura all'angolo usando il tasto tab. Puoi anche disegnare liberamente e usare i valori visualizzati come guida, o aggiungere o cambiare le dimensioni e gli angoli, in seguito. Se le opzioni "Sketch Grid" e "Snap" sono attivate nella "Sketch Palette", puoi selezionare i punti della griglia dell'ambiente di disegno con il mouse come se avessi un magnete. I piccoli simboli che appaiono sono i "constraints" per i rispettivi elementi. Li guarderemo più da vicino tra un momento.

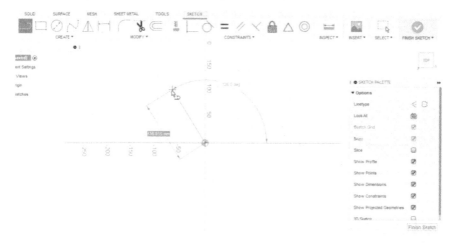

Figura 17: La prima linea di uno schizzo 2D

Oltre a una linea, puoi anche creare un cerchio, un'ellisse, una curva a forma libera, un arco, un foro allungato o un rettangolo. Proviamole una dopo l'altra. Nel menu "Create" troverai anche: un punto, diversi archi e vari altri elementi, così come la possibilità di creare dimensioni. È meglio provare tutti gli elementi almeno una volta. Per farlo, basta mettere in pausa brevemente e iniziare da soli nell'ambiente di sketching del programma CAD. È meglio usare questa procedura per tutto il corso. Questo è il modo più efficace per imparare.

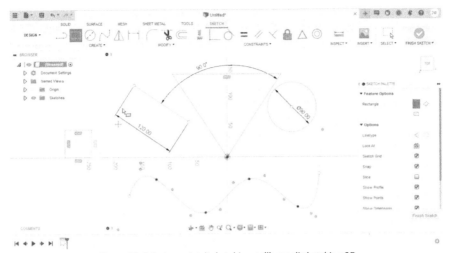

Figura 18: Primi esercizi di sketching nell'area di sketching 2D

Un altro consiglio sugli elementi geometrici finiti come il rettangolo o il cerchio: quando disegni, nota che il rettangolo, per esempio, parte sempre da un angolo. Tuttavia, se vuoi che il rettangolo parta dal centro, puoi usare l'impostazione, spesso molto utile, "Center Rectangle" o "3-point rectangle" nella "Sketch Palette" sotto "Feature Options". Questa opzione sulle impostazioni è disponibile anche per altri elementi, come il cerchio, dove è possibile creare anche un cerchio tangente. Dai anche un'occhiata agli altri elementi nella "Sketch Palette". Ci sono diverse funzioni per ogni elemento.

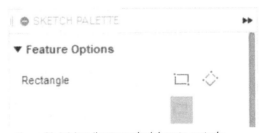

Figura 19: Iniziare il rettangolo dal punto centrale

Prima di concludere questo capitolo, andiamo, come promesso, a conoscere il mondo dei "constraints". Puoi utilizzarli nell'ambiente di sketching 2D e usarli per creare vincoli tra i singoli elementi geometrici. Questo è talvolta, ma non sempre, necessario o utile.

Ora daremo un'occhiata più da vicino ai "constraints" più importanti. Cominciamo con i vincoli orizzontali e verticali. Supponiamo di disegnare un rettangolo a mano libera e di ottenere un poligono le cui linee purtroppo non rappresentano un rettangolo.

Selezionando il vincolo "orizzontale" possiamo ottenere due linee perfettamente orizzontali cliccando sulla linea superiore e inferiore.

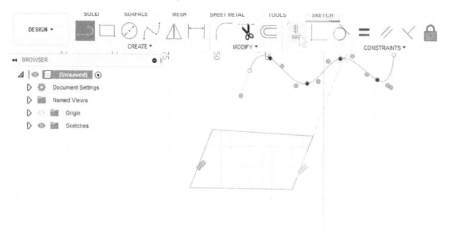

Figura 20: Uso e simbolo di "vincoli" / "constraints"

In modo identico applichiamo la condizione "verticale" alle linee laterali e infine otteniamo un rettangolo. Come possiamo vedere, queste condizioni sono visualizzate come piccoli simboli accanto alla rispettiva linea e sono anche suggerite quando si crea uno schizzo. Nella "Sketch Palette" puoi anche nascondere queste condizioni, così come aree, punti e dimensioni.

Con la relazione "concentric" due strutture circolari possono essere poste concentricamente l'una rispetto all'altra. Disegniamo un cerchio grande e uno leggermente più piccolo. Vogliamo ottenere due cerchi concentrici, cioè due cerchi i cui centri sono congruenti. Otteniamo questo selezionando la dipendenza corrispondente e i due cerchi.

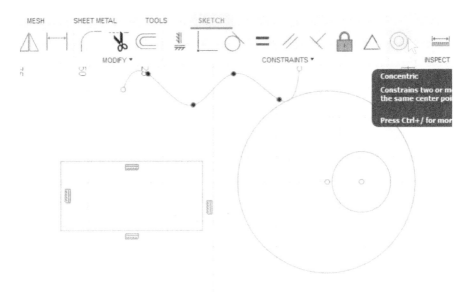

Figura 21: La dipendenza "concentric"

I due vincoli: "Perpendicular" e "Parallel" sono relativamente auto esplicativi. Tuttavia, guardiamo un piccolo esempio con due righe ciascuno. Per la funzione "Perpendicular" tracciamo le seguenti due linee. Selezionando la condizione e selezionando le linee, otteniamo come risultato due linee che sono perpendicolari tra loro.

Figura 22: La dipendenza "Perpendicular"

Per "Parallel" tracciamo altre due linee e selezionando la condizione, otteniamo due linee perfettamente parallele.

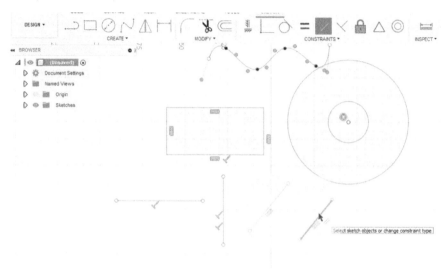

Figura 23: La dipendenza "parallel"

Usiamo sempre i "vincoli": "Coincident", cioè congruente, e "Midpoint", cioè punto medio, quando vogliamo connettere due punti tra loro o connettere un punto di un elemento con il punto medio di un altro elemento. Per mostrarlo, disegniamo un rettangolo e due linee. Vogliamo connettere la prima linea con un punto d'angolo del rettangolo e la seconda linea con il punto medio di una delle linee del rettangolo.

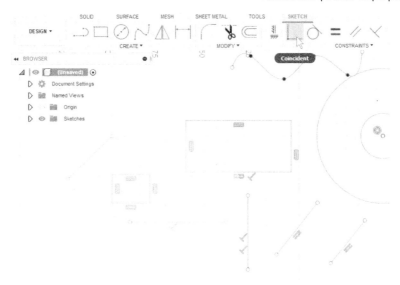

Figura 24: Dipendenza "Coincident" e "Midpoint"

A proposito: puoi anche applicare diversi "constraints". Per esempio, potremmo anche applicare la condizione orizzontalmente a una linea.

Diamo un'occhiata alla condizione "Tangent". Come suggeriscono il nome e la piccola immagine, possiamo usarlo per esempio, per impostare una linea tangente a un cerchio. Proviamo. Prima disegna il cerchio, poi una linea e poi applica la condizione.

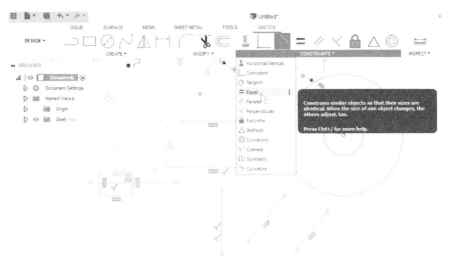

Figura 25: "Tangent" e altre dipendenze disponibili

23

Prova da solo i due "constraints" rimanenti: "Fix/Unfix" e "Equal". Non puoi sbagliare e il nome è relativamente auto esplicativo. La condizione "Fixed" fissa semplicemente un elemento in posizione nel piano di disegno e "Equal" assicura che la stessa dimensione esista tra gli elementi.

Per concludere questi primi esercizi di schizzo 2D, disegna un cerchio in un nuovo file, che potrai poi dotare di dimensioni fittizie utilizzando la funzione "Sketch Dimension". Per esempio, seleziona un diametro di 50 mm. Disegna semplicemente il cerchio e seleziona lo strumento "Sketch Dimension". Ci sono due modi qui, entrambi portano all'obiettivo: Puoi disegnare un cerchio con le dimensioni già corrette inserendo i valori con la tastiera mentre disegni. Usa il tasto tabulatore per passare da un campo all'altro per inserire le dimensioni. In alternativa, puoi disegnare qualsiasi cerchio e poi cambiare le dimensioni. Fallo con la funzione " Sketch Dimension" e fai doppio clic sulla dimensione. Poi inserisci il valore desiderato e conferma con il tasto Invio.

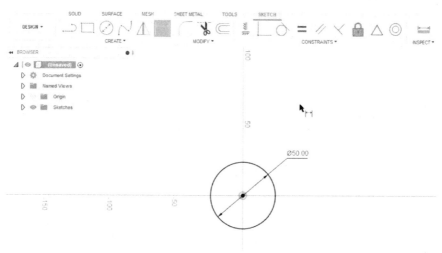

Figura 26: Un cerchio semplice iniziato al centro delle coordinate

Puoi anche dimensionare la distanza tra due linee. Per farlo, clicca semplicemente prima sulla prima linea e poi sulla seconda linea di cui vuoi dimensionare la distanza.

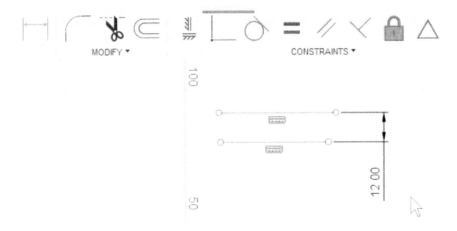

Figura 27: Dimensionare la distanza tra due linee

Puoi poi uscire dalla modalità sketching con il segno di spunta verde nella barra del menu superiore.

Per creare un oggetto tridimensionale, è importante che lo schizzo sia completamente chiuso e non abbia spazi vuoti. Questo è indicato dall'area con uno sfondo azzurro in questo caso in modalità 3D, che riempie la superficie dello schizzo. Significa che lo schizzo ha linee di confine continue senza spazi vuoti e quindi rappresenta una superficie chiusa.

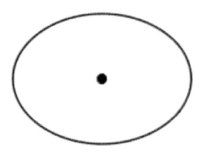

Figura 28: Area circolare disegnata in modalità 3D con sfondo blu

Dopo aver finito lo schizzo, sposta l'ambiente di costruzione con il tuo mouse o con l'aiuto del sistema di coordinate in alto a destra. A proposito, con un doppio clic sulla rotellina del mouse puoi inserire un oggetto nella vista corrente, questo è molto utile se sei molto lontano nello spazio virtuale e non riesci più a vedere un oggetto.

Nel prossimo capitolo creeremo un oggetto tridimensionale dallo schizzo 2D che abbiamo fatto. Molto bene, stai facendo buoni progressi!

Presto saremo già al primo progetto!

3.2 Ambiente degli oggetti 3D

In questo capitolo vogliamo creare un oggetto 3D dalla superficie 2D precedentemente abbozzata. Per farlo, useremo le funzioni della sezione "Create". Per creare un cilindro, usiamo la funzione probabilmente più usata da questo menu. Usiamo il comando "Extrude" / "Extrusion". Questa funzione è un cosiddetto comando di estrusione. In altri programmi CAD troverai spesso la designazione "Estrusione" o "Estrusione lineare" o simili.

Figura 29: Il comando "Extrusion" nell'area "Create"

Ora seleziona semplicemente la funzione e la superficie e, dopo aver selezionato la freccia blu visualizzata, muovi il tuo mouse entro la gamma di movimento possibile e crea un oggetto 3D in questo modo. In alternativa, puoi anche inserire la dimensione desiderata e confermare con Invio.

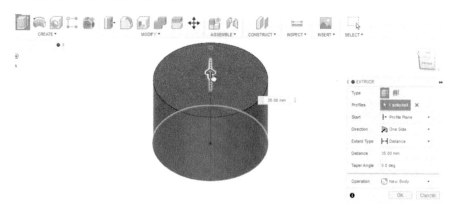

Figura 30: Usare il comando "Extrude" per creare un corpo 3D dalla superficie 2D

Prima di affrontare gli altri comandi del menu "Create", usiamo il cilindro costruito per conoscere prima i comandi più importanti della sezione "Modify". Usiamo sempre questa sezione quando vogliamo cambiare un oggetto già costruito. Per esempio, possiamo arrotondare uno o più bordi con la funzione "Fillet". Seleziona semplicemente la funzione e seleziona uno o più bordi. Di nuovo, appare una freccia, che usiamo come per il comando "Extrude". Nella finestra aggiuntiva che appare, possiamo cambiare le altre opzioni, se necessario.

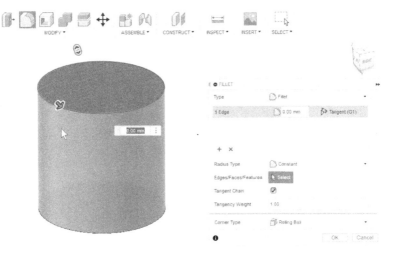

Figura 31: Sfilettare i bordi con il comando "Fillet"

In modo analogo possiamo creare uno smusso con "Chamfer".

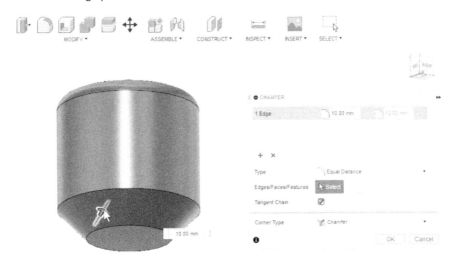

Figura 32: Creare uno smusso con il comando "Chamfer" dal menu "Modify"

Con il comando molto versatile "Press Pull" possiamo fare una varietà di modifiche ad un oggetto in modo molto veloce. Per esempio, a seconda della superficie o del bordo

27

selezionato, possiamo fare un raccordo o semplicemente cambiare il diametro o la dimensione dell'oggetto. Un altro comando importante è "Shell". Con l'aiuto di questo comando puoi facilmente scavare un oggetto, cioè creare un oggetto 3D dalle pareti sottili. Seleziona il comando e la superficie superiore del cilindro e inserisci uno spessore della parete o usa la freccia.

Figura 33: Usare il comando "Shell" per scavare un oggetto

Abbastanza semplice, vero? Ora che conosciamo i comandi più importanti di questa sezione, passiamo ancora una volta al menu "Crea". Oltre a "Estrudi", troviamo gli importanti comandi "Revolve", "Sweep", "Loft", "Hole" e "Thread". Le spiegazioni e le immagini di esempio del software sono molto chiare, utili e ci danno già un primo accenno di ciò che questi comandi possono fare. Vedremo come utilizzare queste funzioni in modo più dettagliato nel prossimo capitolo, dato che questo è legato al modo in cui lavoriamo nella costruzione CAD.

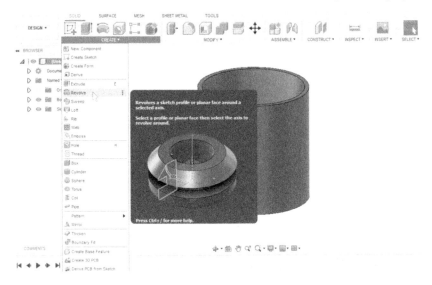

Figura 34: Tutte le funzioni del menu "Create"

In Fusion 360, tra l'altro, è anche possibile per alcuni elementi abbreviare il processo dallo schizzo 2D all'oggetto 3D combinando entrambi i passaggi, il che può certamente far risparmiare del tempo. Per esempio, possiamo costruire immediatamente un cuboide, un cilindro, una sfera e altri elementi con il rispettivo comando. Seleziona semplicemente il comando, disegna la base su un piano dello spazio 3D ed estrudi l'elemento. E ora, al prossimo capitolo!

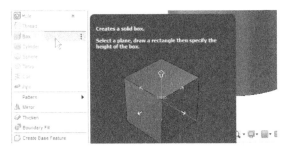

Figura 35: Comandi dal menu "Create" per creare rapidamente un solido

3.3 Metodi di lavoro di costruzione

Come già accennato brevemente nel capitolo precedente, ci sono diversi approcci alla progettazione di oggetti 3D. Un possibile approccio alla progettazione è, per esempio, quello di progettare come l'effettiva lavorazione debba avere luogo - per esempio la fresatura o la tornitura di un materiale di partenza, il cosiddetto prodotto semilavorato. Nel programma CAD, prima crei il materiale grezzo, in questo caso ad esempio, un materiale cuboide, e poi lo elabori virtualmente successivamente in fasi successive - con l'aiuto di ritagli, fori, filetti e altre caratteristiche di design - in modo da ottenere l'elemento finale. Ecco perché questo metodo di costruzione è chiamato sottrattivo. Riduci il materiale originale attraverso singoli passaggi di lavorazione fino ad ottenere l'oggetto desiderato. Ma ci sono anche altri approcci, come il metodo additivo. Qui, il modello CAD o l'oggetto reale - come nel caso della stampa 3D, per esempio - viene costruito elemento per elemento invece di togliere materiale. Daremo un'occhiata a come funziona in termini concreti tra un momento.

Affrontiamo prima l'approccio sottrattivo classico. Nei prossimi passi vogliamo fare un buco e un ritaglio in forma rettangolare in un semplice cubo. Ho già preparato il cubo. La dimensione è, per esempio, 50 mm in tutte le direzioni. Per creare il foro possiamo utilizzare la funzione "Hole" dalla sezione "Create". Seleziona semplicemente il comando e la superficie su cui vorresti posizionare il foro.

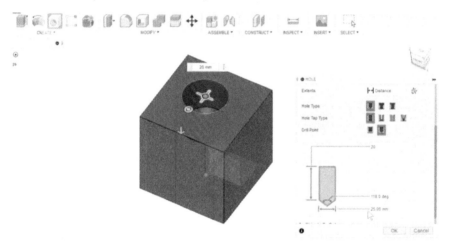

Figura 36: Creazione di un semplice foro in un cubo

Nella finestra delle opzioni che appare, puoi quindi selezionare il tipo di foro, la dimensione del foro e i parametri specifici del foro. Scegliamo, per esempio, un semplice foro cosiddetto cieco con un diametro di 10 mm e una lunghezza di 20 mm. Qui potremmo anche creare dei thread, ma ne parleremo più tardi.

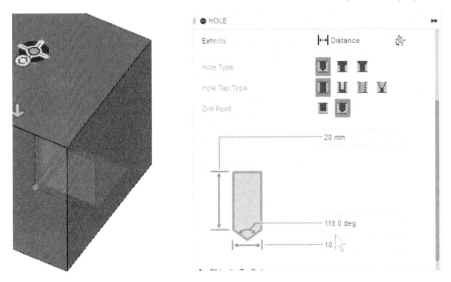

Figura 37: Selezione nella finestra dell'opzione "Hole"

Per il ritaglio dobbiamo prima fare di nuovo uno schizzo 2D della geometria. Per farlo, clicca su "Create Sketch" e seleziona, per esempio, la superficie superiore del cuboide, poiché vogliamo portare la sezione nel cuboide dall'alto verso il basso.

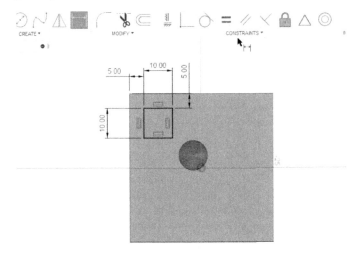

Figura 38: Fai lo schizzo 2D sulla superficie superiore per il ritaglio

Posiziona un rettangolo sulla superficie nell'area del cubo con un clic e inserisci una dimensione di 10 mm ciascuno. Conferma con Invio. Poi definiamo la posizione del rettangolo sulla superficie con la funzione "Sketch Dimension" o "Dimensioning". Dato che siamo in uno spazio bidimensionale, cioè stiamo disegnando su una parallela del piano x-y, abbiamo bisogno di una dimensione x e una dimensione y per definire

31

finalmente lo schizzo, cioè il rettangolo, completamente, cioè per determinarne la posizione e la geometria. Inserisci le dimensioni desiderate, ad esempio 5 mm dal bordo sinistro e superiore del cuboide. Ora il rettangolo è completamente dimensionato. Avrai notato che il profilo è diventato nero. Questo indica che tutti i gradi di libertà sono completamente vincolati, cioè che la posizione del profilo nel piano è completamente definita da dimensioni e dipendenze, cioè i "constraints", e non può semplicemente muoversi da solo nei passaggi successivi di modifica. Un dimensionamento completo e uno schizzo completamente definito sono molto importanti per ottenere buoni risultati, prenditi sempre cura di questo. Dopo aver finito lo schizzo, possiamo creare la sezione con la funzione "Extrusion". Il taglio dovrebbe per esempio, passare completamente attraverso la parte.

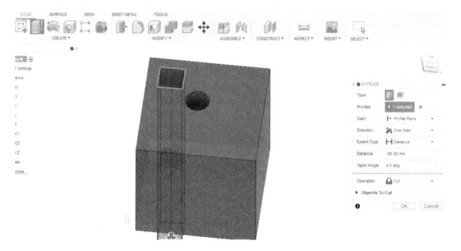

Figura 39: Creazione della sezione con "Extrusion"

Tuttavia, il materiale può ora essere aggiunto allo schizzo creato con la funzione "Extrusion" invece di toglierlo. In questo modo puoi utilizzare "Extrusion" nella costruzione nell'approccio sottrattivo, ma anche per il modo di lavorare additivo. Per rendere chiara la differenza tra i due modi di lavorare, ora costruiremo la nostra prima parte molto semplice, cioè un gancio per cappotto da appendere ad una porta. Prima con il metodo additivo e poi con il metodo sottrattivo. A proposito, non importa quale metodo scegli, entrambi portano all'obiettivo. L'unica differenza qui è in termini di sforzo e tempo richiesto.

Con il modo di lavorare additivo, disegniamo semplicemente la sezione trasversale del pezzo. In questo caso possiamo anche farlo in un solo passo. Naturalmente, potremmo anche scomporre il gancio nei suoi cinque corpi rettangolari e allinearli uno dopo l'altro, il che sarebbe più in linea con l'attuale modo additivo. Ma questo sarebbe molto ingombrante. Quindi in modalità 2D disegniamo prima la sezione trasversale del gancio su un piano del sistema di coordinate. Inizia la costruzione selezionando un nuovo schizzo e il piano. A proposito, puoi anche fare clic destro sul piano desiderato nell'albero della struttura e poi selezionare "Create Sketch". Poi disegniamo la prima linea come mostrato:

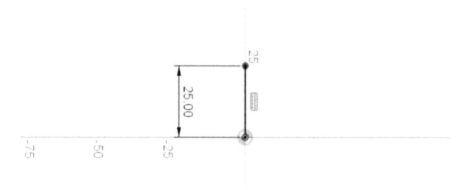

Figura 40: La prima linea dello schizzo 2D della sezione trasversale per il gancio per cappotto semplice

Completa il profilo con le seguenti linee e dimensioni. Ora semplicemente traccia!

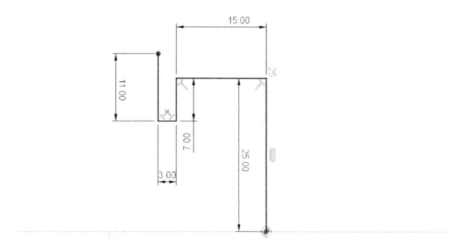

Figura 41: Linee continue per il profilo della sezione trasversale

Poi completa il profilo della sezione trasversale con altre linee come segue:

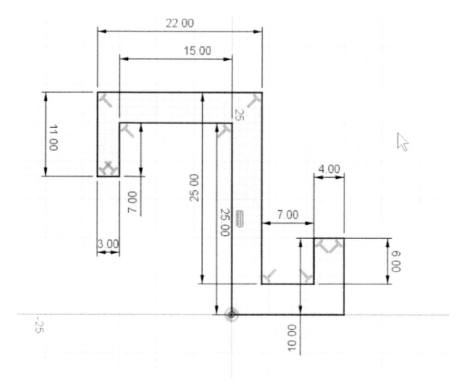

Figura 42: Sezione completa del gancio per abiti nello schizzo 2D

Poi, puoi lasciare l'ambiente di sketching 2D e passare così alla modalità 3D. Seleziona la funzione "Extrude" e crea un corpo tridimensionale dalla sezione trasversale 2D trascinando nella direzione della freccia visualizzata. Inserisci una dimensione di 15 mm usando la tastiera.

Figura 43: Creazione del gancio per i vestiti con il comando "Extrude" nell'ambiente 3D

Questo è tutto! Ora vorremmo utilizzare la metodologia di costruzione sottrattiva per fare lo stesso gancio a scopo illustrativo.

Per fare questo, disegniamo un rettangolo con le dimensioni 33 mm e 29 mm in modalità schizzo 2D in un nuovo documento e creiamo un cuboide con uno spessore di 15 mm utilizzando la funzione "Extrude" / "Extrusion". In questo modo, virtualmente, creiamo prima il materiale di base, il cosiddetto semilavorato, dal quale il gancio nella realtà verrebbe punzonato, o tagliato con il laser o il getto d'acqua. In questo caso, però, il gancio verrebbe probabilmente tagliato da una parte in lamiera e creato con l'aiuto di una macchina piegatrice, il che avrebbe più senso.

Figura 44: La materia prima per la metodologia di progettazione sottrattiva

Poi disegniamo i ritagli nel materiale solido. Per fare questo, creiamo prima uno schizzo 2D sulla superficie superiore - in alternativa, ovviamente, a quella inferiore. Per prima cosa disegna la metà sinistra del ritaglio per la geometria del gancio per abiti.

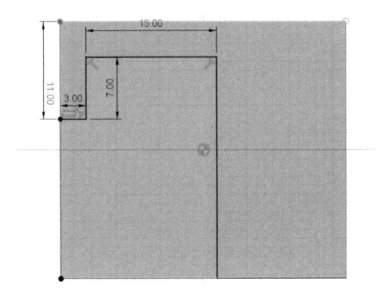

Figura 45: La metà sinistra del taglio per il gancio del cappotto

35

E poi la metà destra. Disegniamo per così dire, il negativo del gancio per abiti nel materiale solido. Assicurati che ci siano delle superfici, cioè che tu chiuda i profili ai bordi del rettangolo con delle linee.

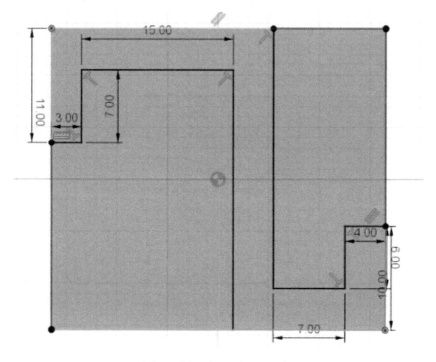

Figura 46: La metà destra del taglio per il gancio del cappotto aggiunto

Poi, puoi nuovamente utilizzare la funzione "Extrude" per tagliare le due superfici disegnate dal solido.

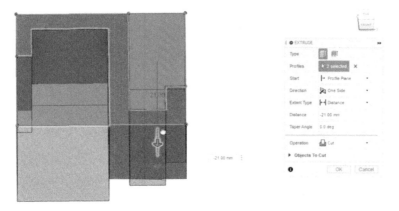

Figura 47: Tagliare le superfici disegnate in modalità 3D

Due approcci per una soluzione identica. Uno abbastanza semplice, l'altro un po' più elaborato. Ora diamo un'occhiata ad alcuni altri possibili modi di lavorare nell'edilizia.

Oltre alle funzioni "Hole" ed "Extrude", ci sono alcune altre funzioni nella sezione "Create" che vorremmo esaminare brevemente in questo capitolo. Da un lato, c'è il comando "Revolve". Puoi usarlo ogni volta che vuoi costruire una parte con un asse di rotazione, ad esempio una parte che in realtà verrebbe lavorata meccanicamente tramite tornitura. Per farlo, disegna semplicemente una sezione trasversale su uno dei piani, ad esempio il piano x-z o y-z. Perché questi piani? Perché vogliamo avere "z" come asse di rotazione. Ma potresti anche usare il piano x-y e poi usare y come asse di rotazione. Diamo un'occhiata più da vicino. Sentiti libero di disegnare. Per esempio, creiamo il seguente profilo base di una vite nell'ambiente 2D. Piccolo suggerimento: dobbiamo disegnare una metà della sezione trasversale del corpo 3D.

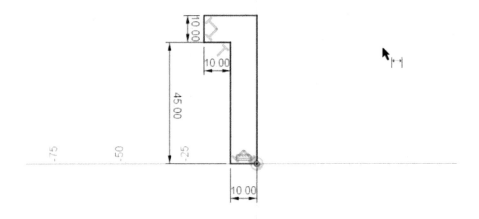

Figura 48: La mezza sezione trasversale di una vite in modalità schizzo 2D

Dopo aver finito lo schizzo e selezionato il comando "Revolve", dobbiamo prima definire il nostro asse di rotazione, nel nostro caso l'asse z.

Figura 49: Selezionare la funzione "Revolve" nel menu "Create"

Come puoi vedere, il programma crea il solido. Inserendo un numero di gradi puoi definire la gamma di rotazione.

Figura 50: Rotazione dopo la selezione dell'asse e del profilo (rotazione di 360°)

Naturalmente, una tale vite potrebbe anche essere creata con l'aiuto di diversi schizzi, in modo additivo, con la funzione "Extrude". Pensa solo per un momento a come funzionerebbe in questo caso. Vedi la soluzione?

Ma il modo attraverso la rotazione è di solito molto più veloce ed elegante per una parte rotante di questo tipo. Questo è ciò che intendevo quando ho detto che ci sono diversi modi di lavorare - anche per una stessa parte. A seconda della parte, questi sono più veloci, più lenti o più semplici o più macchinosi, ma di solito tutti portano all'obiettivo. In realtà, tra l'altro, le viti non vengono prodotte per tornitura, ma laminate nella produzione di massa. Il filo è prodotto dal rotolamento tra due rulli.

Il comando "Sweep" / "Sweeping" è sempre utile quando vuoi creare una parte che segue un percorso un po' più complesso. Diamo un'occhiata a come questo deve essere inteso. Per il comando "Sweep", hai sempre bisogno di un profilo trasversale abbozzato in 2D e di un percorso. Questo significa semplicemente una linea o un arco o una "spline" o una curva a forma libera.

Figura 51: Una "spline" o curva a forma libera (liberamente selezionabile)

Per esempio, creiamo una "spline" in cui selezioniamo il comando in uno schizzo 2D e disegniamo diversi punti a nostro piacimento. Ma assicurati che il punto finale o il punto iniziale sia il centro delle coordinate.

Più punti ci sono, più il contorno diventa dettagliato. Per il profilo della sezione trasversale dobbiamo ora cambiare il piano. Per fare questo, chiudiamo lo schizzo e iniziamo un nuovo schizzo sul piano y-z. Disegniamo ad esempio un cerchio o un rettangolo e selezioniamo il punto finale del profilo precedentemente disegnato nel piano x-y (centro delle coordinate).

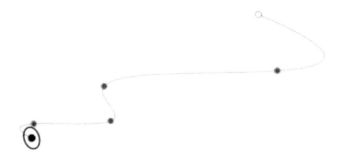

Figura 52: Profilo finito: cerchio nel piano y-z già disegnato e schizzo finito

Poi, quando abbiamo finito lo schizzo, in modalità 3D, possiamo eseguire il comando "Sweep", ma dobbiamo prima selezionare il profilo e poi il percorso.

Figura 53: Prima seleziona il profilo (cerchio; immagine superiore), poi il percorso ("spline"; immagine inferiore). Passa tra le due opzioni di selezione nella barra del menu a destra

39

Poi il programma crea il solido. Nella barra sul lato destro, potremmo ancora modificare varie impostazioni, ad esempio cambiare l'orientamento.

L'ultimo comando importante di questa sezione e per questo capitolo è "Loft". Con "Loft" puoi, in parole povere, avere due superfici collegate tra loro nello spazio 3D. Proviamo! Disegniamo un profilo nel piano x-y, ad esempio un rettangolo o un'altra forma.

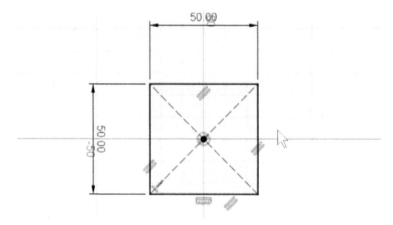

Figura 54: Primo schizzo di un rettangolo sul piano x-y (50 mm di dimensione ciascuno)

Poi creiamo prima un nuovo piano parallelo al piano x-y con un offset o una compensazione rispetto ad esso. Questo si fa facilmente cliccando con il tasto destro del mouse sul piano x-y e selezionando "Offset Plane".

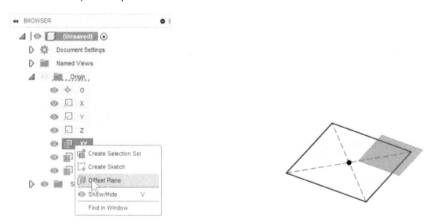

Figura 55: Creazione di un piano di offset (possibile anche nel menu in alto sotto "Construct")

Poi trasciniamo la freccia blu o inseriamo una dimensione con la tastiera.

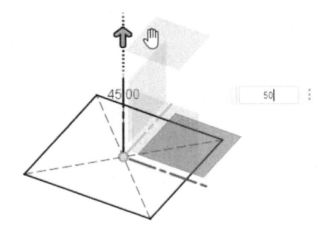

Figura 56: Creazione del piano di offset di 50 mm rispetto al piano x-y

Su questo nuovo livello disegniamo la seconda superficie per il nostro progetto nel prossimo passaggio. Per esempio, un rettangolo leggermente più grande. I centri dovrebbero essere congruenti.

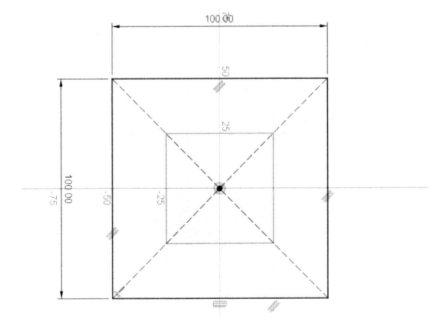

Figura 57: Disegna il secondo rettangolo sul piano di offset (il primo rettangolo è anche visibile)

Poi finiamo lo schizzo e selezioniamo la funzione "Loft" e le due superfici abbozzate. Il programma collega poi le due superfici per formare un solido 3D. Tramite le impostazioni potremmo ancora controllare questo processo in dettaglio.

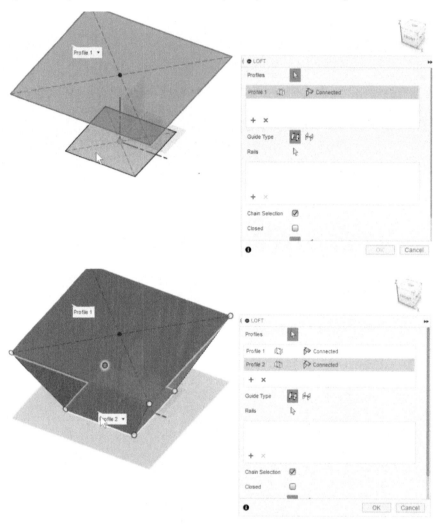

Figura 58: Usare il comando "Loft" per creare il corpo 3D

Molto bene! Abbiamo fatto tanto riguardo l'approccio e i metodi di lavoro nella progettazione CAD. Possiamo spuntare con successo questo capitolo e passare al prossimo. Di seguito daremo un'occhiata più da vicino alla differenza tra le parti individuali e gli assemblaggi.

3.4 Parti individuali vs. assemblaggi

Come nel mondo reale, puoi anche assemblare virtualmente un componente o un insieme di diverse parti singole nell'ambiente CAD. Per progettare una macchina complessa o un'altra parte complessa, prima progetti le singole parti di questa parte complessa e poi assembli queste singole parti virtualmente nel software. Per fare questo, si usano collegamenti, connessioni o relazioni. In Fusion 360, si usano anche i "Joints". Ma ne parleremo più tardi.

In Fusion 360, crei le singole parti direttamente in un ambiente e poi le colleghi nello stesso ambiente per formare un assemblaggio. Ogni singola parte ha la sua origine e la sua cartella nell'albero della struttura. Altri programmi CAD hanno una struttura leggermente diversa e ci sono formati di file separati per gli assemblaggi e le parti individuali e ogni singola parte viene creata separatamente.

Quando hai finito di progettare la prima parte, ad esempio una semplice parte tornita, devi semplicemente creare una nuova parte singola con il pulsante "New component" dalla barra dei menu o cliccando con il tasto destro sulla cartella della parte e selezionando "New component" e scegliendo il corpo "Parent", cioè la parte già esistente, come riferimento.

Figura 59: Una semplice parte tornita (dimensioni liberamente selezionabili) e "New component"

Questo diventa trasparente e puoi iniziare a creare il nuovo componente. Il nuovo componente appare quindi nella struttura ad albero e può essere nominato. A proposito, ogni componente ha il suo sistema di coordinate.

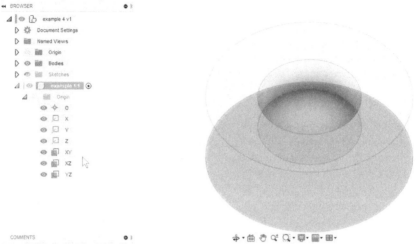

Figura 60: componente padre trasparente e nuovo componente nella struttura ad albero (sinistra)

Per esempio, iniziamo uno schizzo sul piano x-z del nuovo componente, e usiamo il primo componente come riferimento per la nostra nuova parte. Potremmo, per esempio, disegnare un tale profilo per un nuovo pezzo tornito, che poi creiamo con la funzione "Revolve".

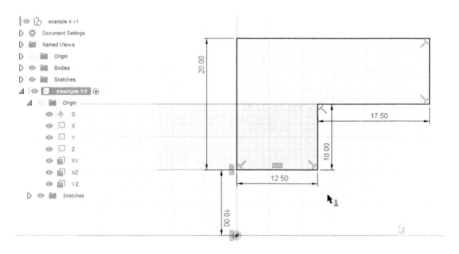

Figura 61: Uno schizzo sul piano x-z del nuovo componente

È pratico avere il primo componente qui in modo trasparente come riferimento e possiamo quindi disegnare le dimensioni per la nuova parte in modo relativamente facile da poter adattare esattamente. Lo schizzo per la nuova parte è ora ovviamente posizionato anche nell'area del nuovo componente.

Diamo ora un'occhiata all'assemblaggio di questi due singoli componenti. Abbiamo disegnato il secondo componente in modo tale che si adatti già esattamente al primo componente, ma non c'è un collegamento, possiamo muovere il secondo componente liberamente nello spazio; quindi, dobbiamo collegare le due parti singole nel passaggio successivo.

Figura 62: Il componente è stato creato dallo schizzo con una rotazione di 360° e spostato

Qui abbiamo bisogno del menu "Assemble" e della funzione "Joints". In altri programmi CAD, l'assemblaggio delle singole parti è solitamente strutturato in modo diverso. I vincoli sono solitamente creati, ad esempio, con un collegamento a distanza o ad esempio, un vincolo concentrico tra due parti, per ottenere un assemblaggio. In Fusion 360 viene adottato un approccio leggermente diverso. Qui crei i giunti che definiscono il range di movimento desiderato. Tuttavia, puoi anche collegare rigidamente una singola parte. Vediamo questo nel nostro semplice esempio. Nel menu "Assemble" selezioniamo prima il comando "Joints".

Figura 63: Il comando "Joints" dal menu "Assemble"

Poi dobbiamo eseguire due passaggi. Da un lato, definisci le posizioni delle origini dell'articolazione, ad esempio seleziona i punti sulle superfici che vogliamo collegare, e dall'altro, definisci il range di movimento dell'articolazione. Proviamo alcune possibilità. Da un lato, potremmo selezionare queste due origini di giunzione su queste superfici e ad esempio creare una connessione rigida con "Rigid".

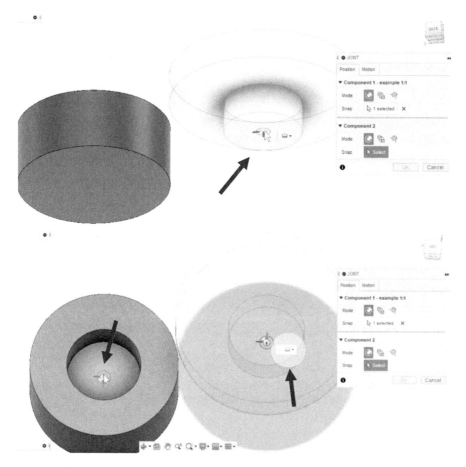

Figura 64: Seleziona un'origine del giunto su ogni componente e seleziona "Rigid"

A proposito, quando si seleziona l'articolazione, viene riprodotta una breve animazione del possibile range di movimento, che personalmente trovo molto riuscita e utile. Una caratteristica davvero fantastica che rende questo programma molto chiaro.

D'altra parte, potremmo permettere una rotazione intorno all'asse z con "Revolute". Con "Slider" possiamo permettere un movimento lungo l'asse z e con "Cylindrical" possiamo permettere sia un movimento lungo l'asse z che una rotazione intorno a questo asse. Con "Pin" possiamo permettere una rotazione intorno ad un asse e un movimento lineare lungo un altro asse, ma questo non ha molto senso in questo esempio. Lo stesso vale per "Planar". Con "Planar", il componente può muoversi linearmente in un piano e ruotare intorno ad un asse. Molto interessante è anche la funzione "Ball", che crea un giunto a sfera.

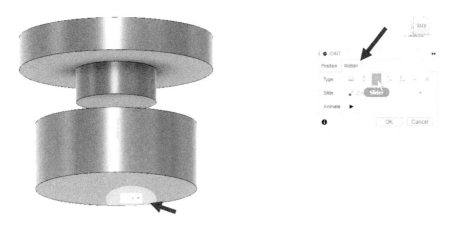

Figura 65: Seleziona i diversi tipi di giunto nella scheda "Motion"

Nel campo "Rotate", il rispettivo asse o superficie può essere selezionato per il movimento e se saltiamo indietro alla scheda "Position", possono essere modificate ulteriori impostazioni, come un offset, o l'orientamento del componente può essere rovesciato sulla superficie di collegamento con "Flip".

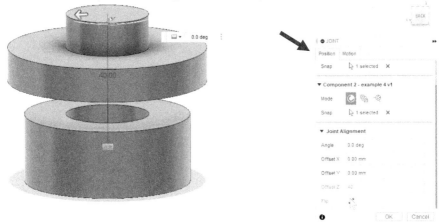

Figura 66: Aggiungere un offset e invertire l'allineamento del giunto

Se ora selezioniamo il tipo di movimento "Cylindrical", per esempio, vediamo che possiamo muovere il componente solo nei gradi di libertà definiti. La relazione appare anche nella cartella "Joints" nell'albero della struttura e può essere cancellata, soppressa o modificata in altro modo cliccando con il tasto destro su di essa.

47

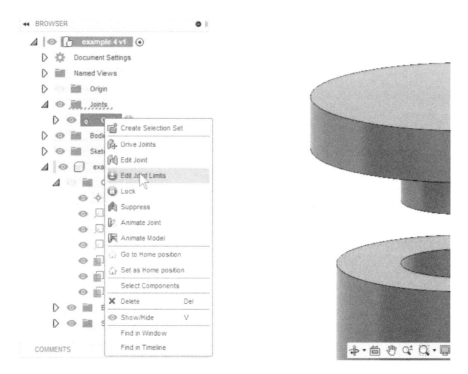

Figura 67: Clicca con il tasto destro del mouse sul giunto nella cartella "Joints" nella struttura ad albero (sinistra)

A proposito, se non si desidera alcuno spazio per il movimento, la relazione "Rigid" di solito può essere semplicemente selezionata.

Perfetto! In questa lezione abbiamo imparato come creare parti multiple nell'ambiente Fusion 360 e collegarle insieme o assemblarle virtualmente. Nella prossima lezione daremo un'occhiata ai diversi punti di vista e rappresentazioni. Avremo quindi imparato tutte le basi importanti e finalmente potremo iniziare i grandi progetti di costruzione!

3.5 Viste e rappresentazioni (viste di base, vista in sezione, ecc.)

In questa lezione vedremo brevemente le possibili viste e rappresentazioni in Fusion 360, che spesso possono essere molto utili. Le viste di base si trovano a sinistra nella struttura ad albero nella cartella "Named Views". In questa cartella possiamo scegliere tra "Top", "Front", "Right" e "Home".

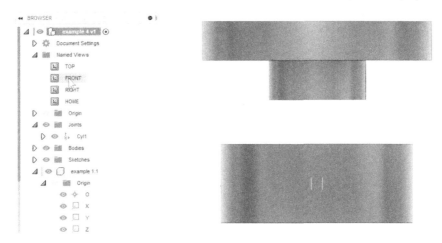

Figura 68: Seleziona "Named Views" nell'albero della struttura

Se vogliamo guardare una superficie specifica, possiamo selezionare una superficie nella barra del menu nell'area inferiore con la funzione "Look at". Questa superficie viene poi visualizzata verticalmente dall'alto. Con la funzione "Zoom Window", sempre da questa barra, possiamo ingrandire un'area definita. Per farlo, semplicemente disegniamo con il trascinamento un piccolo riquadro intorno all'area desiderata.

Figura 69: Le funzioni "Look at" e "Zoom Window" nella barra nell'area inferiore

Anche in questa barra c'è il menu di selezione "Display Setting", con il quale possiamo cambiare la visualizzazione dei nostri componenti, cosa che facciamo con "Visual Style" o l'ambiente di costruzione, cosa che facciamo con "Environment". Con "Object Visibility" possiamo generalmente determinare quali elementi, come i piani e gli assi, devono essere visualizzati o meno.

49

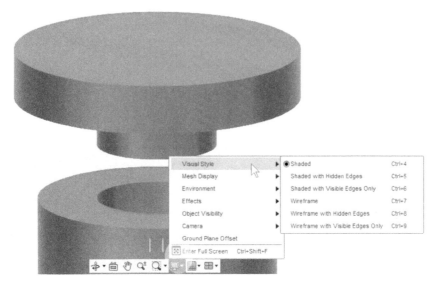

Figura 70: menu di selezione "Visual Style" nella scheda "Display Setting" nella barra inferiore

Con "Multiple Views" puoi visualizzare diverse viste in parallelo, che a volte possono essere molto utili.

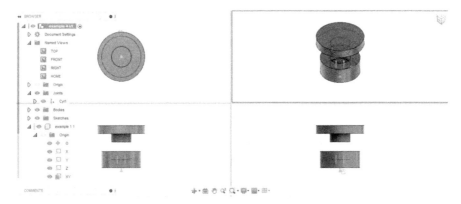

Figura 71: Visualizzazione dopo aver selezionato "Multiple Views" nella barra inferiore

Infine, vediamo alcune visualizzazioni utili dal menu "Inspect". Per prima cosa, la più importante, la cosiddetta vista in sezione. Utilizzando il comando "Section Analysis", possiamo visualizzare la sezione trasversale di un componente o di un assemblaggio. Immaginalo come se stessi tagliando una torta e guardassi all'interno. Dopo aver selezionato la funzione, dobbiamo selezionare il piano in cui vogliamo tagliare la parte. In alternativa, possiamo anche selezionare una superficie. Per esempio, selezioniamo il piano y-z. La parte sarà poi tagliata in questo piano. Ora possiamo confermare o spostare la superficie tagliata utilizzando la freccia blu o inserendo una quota.

Dopo aver confermato, la vista sezione appare nella cartella del menu "Analysis" a sinistra nella struttura ad albero, dove possiamo modificarla, nasconderla o eliminarla con un clic destro.

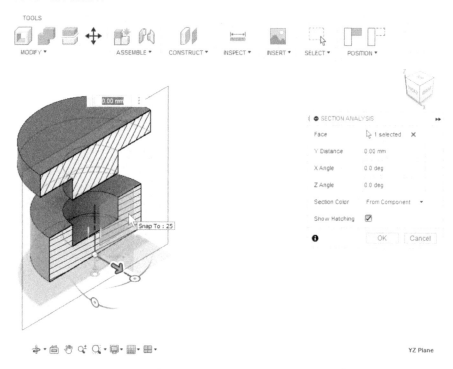

Figura 72: vista in sezione dell'ambiente 3D (scheda del menu "Inspect" → "Sectional view")

Nel menu "Inspect" troverai anche funzioni di analisi come l'analisi zebra. Con l'aiuto di questa, puoi controllare le transizioni tra le superfici per mezzo di strisce bianche e nere proiettate sulla superficie e, per esempio, esaminare la superficie dell'ala di un aereo per la sua continuità o scorrevolezza. Questo è importante per esempio, per la resistenza al flusso.

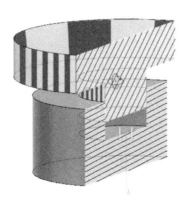

Figura 73: Analisi Zebra applicata alla parte mostrata nella vista in sezione

Per concludere questo capitolo, ci occuperemo della linea temporale del programma menzionata all'inizio. Questa si trova nella parte inferiore della finestra. Qui viene mostrato l'ordine cronologico delle singole fasi di costruzione e troviamo le singole caratteristiche come "Schizzo", "Estrusione" ecc. La cosa bella è che con questa linea temporale, la costruzione può essere facilmente ripercorsa. Puoi visualizzare i singoli passi con l'aiuto di una breve animazione. Per farlo, posiziona semplicemente il cursore all'inizio della costruzione e clicca su Play. Puoi anche cliccare tra i singoli passi per saltare ad un passo precedente nella costruzione. Cliccando con il tasto destro del mouse sui singoli passi di costruzione, puoi anche modificare i rispettivi passi, per esempio cambiare un profilo o una relazione. Questa barra è anche molto utile per non perdere la visione d'insieme, specialmente con le costruzioni più complesse.

Figura 74: La linea temporale di Fusion con i comandi di costruzione eseguiti finora

Se clicchi sul piccolo simbolo della ruota dentata in basso a destra, puoi anche attivare l'opzione "Component Color Swatch", che ci offre ancora più chiarezza con gli oggetti di costruzione più complessi, dando ai singoli componenti una marcatura colorata ed evidenziando così i passaggi di costruzione nella timeline.

Figura 75: Attiva "Component Color Swatch" per visualizzare le marcature colorate.

Molto bene! Ora che abbiamo imparato tutte le basi rilevanti e importanti e la gestione generale della sezione CAD del programma, passeremo alla costruzione di progetti di esempio.

Nel primo progetto iniziamo davvero, vogliamo imparare la procedura di costruzione di un gancio a moschettone molto semplice. Questo sarà seguito da una tazza, che è un po' più difficile da costruire, poi un modello semplificato di un camion con un abitacolo e infine un modello semplificato di un motore d'auto a 4 cilindri, che è un po' più complesso. Ma non preoccuparti, andremo passo dopo passo.

A proposito, attraverso il lavoro pratico impareremo più funzioni e comandi nuovi, oltre a consolidare le basi.

4 Applicazione pratica del CAD: progetti di costruzione

4.1 Progetto I: Gancio a scatto semplice

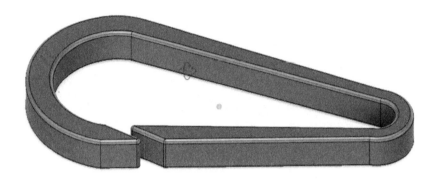

Figura 76: Un semplice moschettone come primo progetto di costruzione

Per il moschettone iniziamo in un nuovo progetto "Design" con il pulsante "Create Sketch" e la selezione di un piano, ad esempio il piano x-y. Pensiamo prima a come è costruito il moschettone e a come potremmo costruirlo al meglio. Se guardiamo il moschettone un po' più da vicino, notiamo che è possibile posizionare una forma circolare nelle aree rispettivamente a sinistra e a destra e che i montanti del moschettone rappresentano le connessioni tangenziali tra questi cerchi.

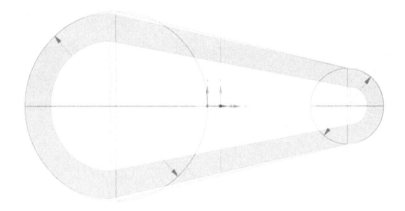

Figura 77: L'approccio con cerchi e linee di collegamento

Costruiamo il moschettone in questo modo. Quindi disegniamo prima il primo cerchio con un punto di partenza sulla linea rossa orizzontale, che in questo caso è l'asse x. Per esempio, scegliamo un diametro di 50 mm. Poi creiamo un altro cerchio con un diametro di 20 mm un po' più a destra. Dimensioniamo quindi la distanza tra i due cerchi di 70 mm. Per definire completamente lo schizzo precedente, che vedrai con la colorazione nera, ora abbiamo bisogno di un riferimento nella direzione dell'asse x e dell'asse y all'origine. Definiamo la posizione del nostro schizzo nella direzione x, per esempio, aggiungendo un'altra dimensione di 35 mm dal centro del primo cerchio all'origine. La posizione y semplicemente con la dipendenza o "constraint" in orizzontale.

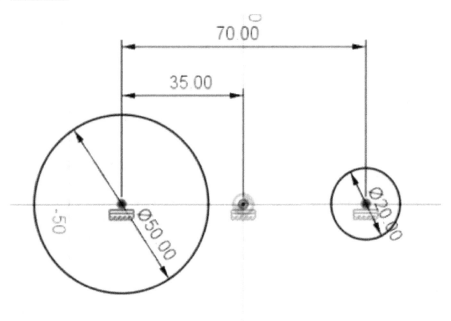

Figura 78: I due cerchi per la geometria di base, già dimensionati e dipendenti orizzontalmente

Puoi definire completamente uno schizzo in base alle sole dimensioni o scegliere una combinazione di dimensioni e condizioni, come qui. Per la condizione, scegliamo il centro di ciascuno dei due cerchi e poi l'origine. Ora lo schizzo è nero e completamente definito, cioè non può più essere spostato nel piano senza un ulteriore sforzo.

Poi, tracciamo le linee ausiliarie orizzontali e verticali attraverso i centri dei due cerchi per rendere più facile l'applicazione delle dimensioni e delle linee tangenti. Disegna le linee e fai clic destro su di esse per selezionare il comando "Normal/Construction Line.

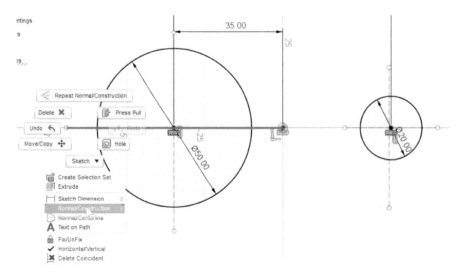

Nel passo successivo colleghiamo le intersezioni delle guide verticali con i cerchi con due linee. Per ottenere una forma autonoma, abbiamo bisogno solo del contorno esterno, quindi usiamo lo strumento "Trim".

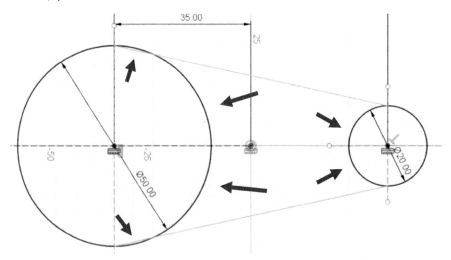

Figura 79: Le due linee di collegamento tangenziali (blu chiaro) sono state disegnate; le linee/archi in eccesso sono segnate con le frecce

Usando lo strumento, rimuovi tutti i segmenti di linea superflui come segue:

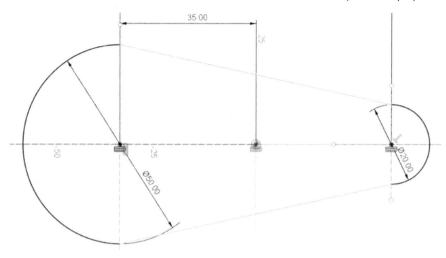

Figura 80: Strumento "Trim away" utilizzato per rimuovere le linee/archi in eccesso

Ora potremmo già estrudere la superficie. Ma poi dovremmo comunque fare un taglio per ottenere il moschettone finale. Ma possiamo anche applicare subito una soluzione più veloce e disegnare la sezione trasversale del moschettone in un solo passaggio. Per fare questo, aggiungiamo due cerchi aggiuntivi di 35 e 10 mm di diametro nell'area interna del moschettone e, analogamente ai passi precedenti, disegniamo nuovamente due linee dalle intersezioni dei cerchi con le linee ausiliarie e poi rimuoviamo tutti i segmenti di linea superflui utilizzando nuovamente la funzione "Trim".

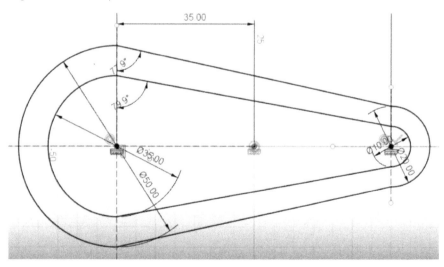

Figura 81: Schizzo 2D completato; gli angoli per la definizione completa sono già indicati

57

Come puoi vedere ora, ci siamo risparmiati un passaggio di modifica e ora possiamo estrudere immediatamente la forma base finita del moschettone. Tuttavia, per definire completamente lo schizzo in anticipo, in questo caso inseriamo semplicemente gli angoli tra le linee tangenziali di collegamento e la linea ausiliaria verticale. Accettiamo semplicemente il valore che viene visualizzato. In alternativa, avremmo potuto specificare le lunghezze delle linee di collegamento o definire completamente le linee ausiliarie in anticipo. Per trasformare la superficie 2D in un corpo 3D, passiamo alla modalità 3D con "Finish Sketch" e usiamo la funzione "Extrude". Per fare questo, selezioniamo solo la superficie esterna come profilo per l'estrusione nelle opzioni e inseriamo un valore di 10 mm. Puoi estrudere in una sola direzione, oppure simmetricamente o indipendentemente in due direzioni. Selezionalo sotto "Direction". Se vuoi avere una forma conica, puoi anche inserire un angolo in "Taper Angle". Tuttavia, qui non ne abbiamo bisogno.

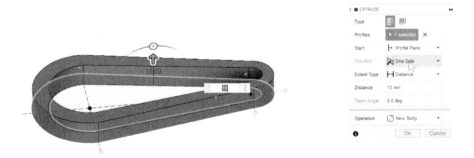

Figura 82: Estrusione del moschettone di 10 mm in una direzione

Per creare ora un ritaglio per l'apertura del moschettone, iniziamo di nuovo uno schizzo 2D, questa volta sul lato superiore o inferiore del moschettone.

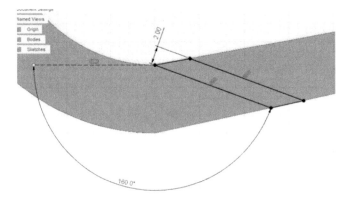

Figura 83: Lo schizzo 2D per il taglio

Tracciamo una linea a 160° dalla base della linea di connessione tangenziale interna alla linea di connessione esterna del moschettone. La misura avviene automaticamente dalla specificazione dell'angolo e dei punti finali. Puoi passare dall'inserimento della dimensione a quello dell'angolo con il tasto tab. Poi traccia una seconda linea parallela e misura una distanza di 2 mm. Se il parallelismo non viene creato automaticamente - guarda i caratteri piccoli dietro - dovrai crearlo tu stesso. Poi collega le due linee parallele con le altre linee per creare un parallelogramma e finire lo schizzo. Usa "Extrude" per creare la sezione. Trascina semplicemente la freccia finché non c'è più materiale o, in alternativa, inserisci lo spessore del moschettone come dimensione. Naturalmente, avremmo già potuto integrare questo passo nel primo schizzo, come avrai notato.

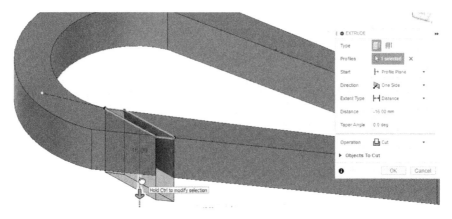

Figura 84: Sezione della geometria 2D disegnata con "Extrusion"

Infine, arrotondiamo alcuni bordi usando il comando "Filett" dalla sezione "Modify". 20 mm per il bordo superiore posteriore.

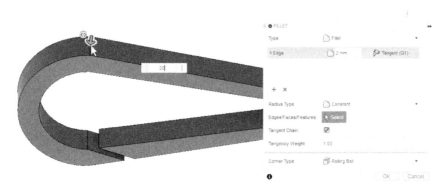

Figura 85: Arrotondamento del bordo superiore posteriore con 20 mm

E 1 mm per i bordi dell'apertura e i lati. Seleziona diversi bordi tenendo premuto il tasto CTRL o Shift. Per i bordi laterali puoi semplicemente selezionare le due facce laterali.

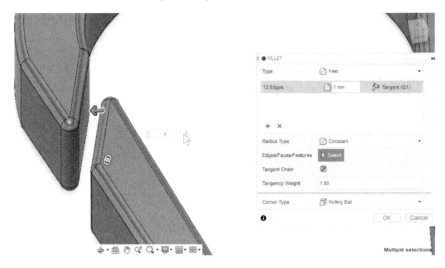

Figura 86: Arrotondamento dei bordi dell'apertura e dei lati con 1 mm

Impeccabile! Prima di passare al prossimo progetto di design, salviamo il file. Se vogliamo un formato di file diverso, ad esempio per la stampa 3D o un altro programma, possiamo creare questo file utilizzando "Export" e selezionando il formato e la posizione del file. Puoi scegliere tra i formati "Fusion" e "Inventor", così come i formati di file comunemente conosciuti "stl" e "step".

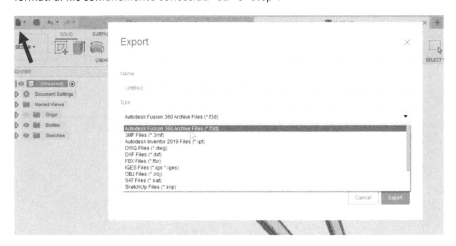

Figura 87: Esportazione di un file in un formato specifico; "File" (vedi freccia) → "Export"

4.2 Progetto II: Coppa con manico

Figura 88: Una tazza con un manico come prossimo progetto di design

Prima di arrivare ai due progetti un po' più eccitanti, vorremmo costruire una tazza con un manico. Di seguito, presta attenzione alla combinazione mirata di metodi di costruzione additivi e sottrattivi in questo progetto. Costruiremo prima la forma base, cioè la tazza senza il manico, e poi aggiungeremo il manico. Iniziamo con una geometria circolare su uno schizzo 2D, ad esempio sul piano x-y, in un nuovo progetto. Il diametro del cerchio potrebbe essere ad esempio 90 mm, il centro dovrebbe essere sull'origine del sistema di coordinate, in modo che il disegno sia completamente definito. Poi passiamo all'ambiente 3D e creiamo un cilindro dallo schizzo utilizzando la funzione "Extrude". Qui useremo una dimensione di 80 mm.

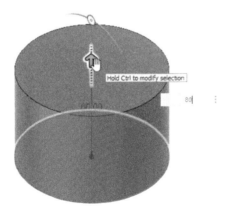

Figura 89: estrudi un cerchio di 90 mm per 80 mm per la forma base

Per scavare la tazza, usiamo la funzione "Shell" dalla sezione "Modify". Qui selezioniamo uno spessore delle pareti di 5 mm. Seleziona la superficie superiore, inserisci lo spessore della parete e la parete è pronta. In "Direction" nelle opzioni, possiamo specificare in quale direzione il muro dovrebbe andare, verso l'interno, verso l'esterno o simmetricamente in entrambe le direzioni. Per impostazione predefinita, usiamo "inside" per non cambiare il diametro esterno.

Figura 90: Forare il cilindro per formare una coppa; spessore della parete 5 mm

A proposito, nella timeline in basso possiamo vedere il progresso della costruzione con le singole caratteristiche. Come vediamo qui, abbiamo iniziato con uno schizzo, abbiamo continuato con l'estrusione e poi abbiamo scavato. Quando selezioniamo una caratteristica nel modello, vediamo anche un piccolo riferimento ombreggiato per ritrovarla nella linea temporale. Con un clic destro su una caratteristica possiamo anche modificarla con "Edit Feature", se vogliamo cambiare qualcosa. Puoi anche trovare gli schizzi nell'albero della struttura.

Figura 91: La linea temporale del nostro progetto; schizzo → estrusione → guscio/parete

Ora abbiamo la forma base della tazza. Per il manico abbiamo bisogno di un piano parallelo al bordo della tazza in modo che il manico sia un po' più basso del bordo della tazza. Nel menu "Construct" selezioniamo "Offset Plane" e clicchiamo sul bordo della tazza. Poi spostiamo il piano verso il basso di 15 mm.

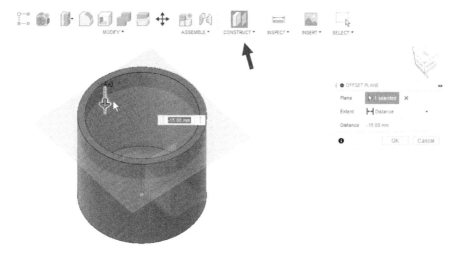

Figura 92: Crea un piano parallelo 15 mm più basso del bordo della coppa.

Poi creiamo uno schizzo su questo livello (clic destro su crea schizzo) e tracciamo una linea verticale di 20 mm sul livello creato in precedenza. Questa linea dovrebbe avere una condizione verticale. Se non esiste già, aggiungiamolo semplicemente e impostiamo entrambi i punti coincidenti, cioè congruenti, sul bordo della tazza.

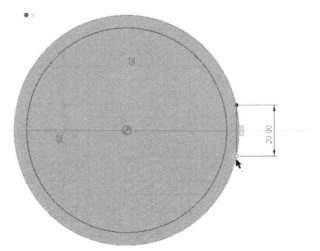

Figura 93: traccia una linea verticale di 20 mm sul bordo della coppa

Completiamo il profilo con due linee orizzontali lunghe 30 mm e una linea verticale per creare un rettangolo. In alternativa, disegniamo subito un rettangolo. Ora puoi forse

63

già indovinare la forma del manico. In questo caso, l'elemento viene aggiunto all'elemento cilindrico di base, cioè la coppa.

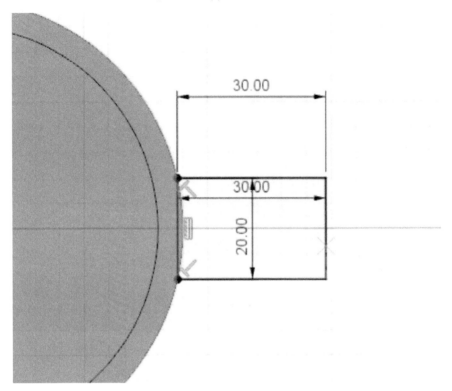

Figura 94: Completare la forma base della tazza e la linea verticale

In modalità 3D, puoi disegnare il profilo della maniglia tridimensionalmente con "Extrude" verso il basso, cioè di nuovo nella direzione negativa dell'asse z. Scegliamo una dimensione di -50 mm.

Figura 95: -50 mm di estrusione della maniglia

Nel prossimo passaggio iniziamo di nuovo uno schizzo e questa volta selezioniamo la superficie laterale della maniglia come livello di disegno (clic destro → Crea schizzo). Disegna un rettangolo largo 20 mm e alto 40 mm da un punto centrale e aggiungi le dimensioni 15 mm e 25 mm per definire completamente la posizione x e y del rettangolo.

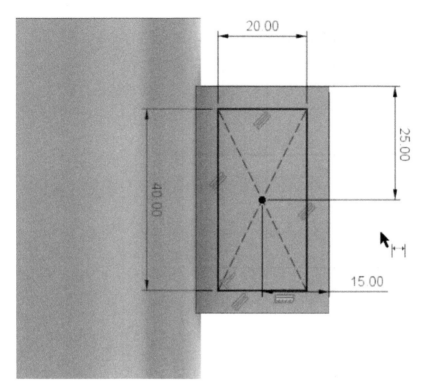

Figura 96: Schizzo per il taglio della maniglia sulla geometria estrusa in precedenza

Se non sai perché uno schizzo non è ancora completamente definito, cioè nero, puoi semplicemente trascinare la geometria abbozzata - prima seleziona "Select" - per vedere in quale direzione i movimenti sono ancora possibili.

Poi, puoi fare il ritaglio in modalità 3D per completare la maniglia. A proposito, per il ritaglio avremmo anche potuto disegnare sul piano x-z della nostra tazza invece che sulla superficie laterale del manico. Allora avremmo semplicemente selezionato "Symmetric" per "Direction" e rimosso il materiale simmetricamente dall'interno all'esterno. Come spesso accade, ci sono molti modi diversi.

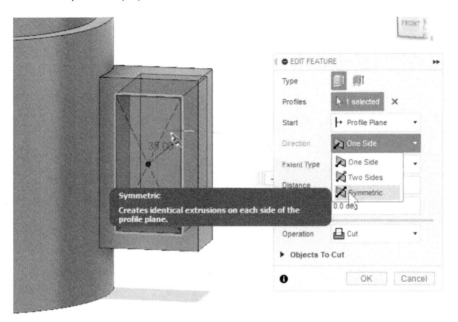

*Figura 97: Sezione simmetrica; se **avessimo** disegnato sul piano x-z*

Infine, arrotondiamo alcuni bordi del manico e della tazza. Provalo secondo le tue preferenze. Fondamentalmente, serve solo al design qui ed è una questione di gusto.

Come penultimo progetto di costruzione nel seguente capitolo, costruiremo la parte anteriore di un camion con una cabina passeggeri o cabina di guida. Questo sarà un po' più impegnativo, ma lo faremo insieme non sarà un problema! Procederemo ancora una volta passo dopo passo! Continua e per favore vai avanti, ora sta diventando sempre più eccitante!

4.3 Progetto III: Camion/Parte anteriore del camion

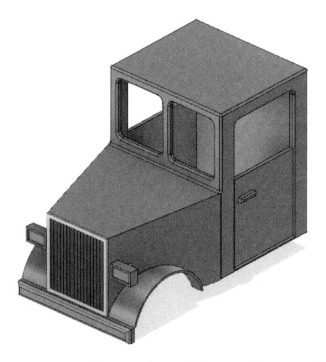

Figura 98: Una parte anteriore di un camion/carro sarà il nostro prossimo progetto di costruzione

Per la parte anteriore del camion iniziamo un nuovo progetto di costruzione ("Design"). Pensiamo prima al modo migliore per costruire il modello. Abbiamo bisogno di una sezione trapezoidale per il cofano, un cuboide per la cabina vera e propria e parti aggiuntive come ali, fari, griglia del radiatore e paraurti. Questo significa che potremmo iniziare per esempio, con la sezione per il cofano.

Per fare questo, iniziamo uno schizzo sul piano x-z e disegniamo un semplice rettangolo. Il punto di partenza dovrebbe essere il centro e le dimensioni dovrebbero essere 140 mm in larghezza e 90 mm in altezza.

Poi creiamo un piano parallelo al piano x-z con 120 mm di distanza.

Su questo piano ora disegniamo un altro rettangolo che sarà un po' più piccolo, 75 mm di larghezza e 80 mm di altezza, per essere precisi. La distanza del punto centrale dovrebbe essere di 5 mm dall'origine delle coordinate in modo che i due bordi inferiori dei rettangoli siano congruenti.

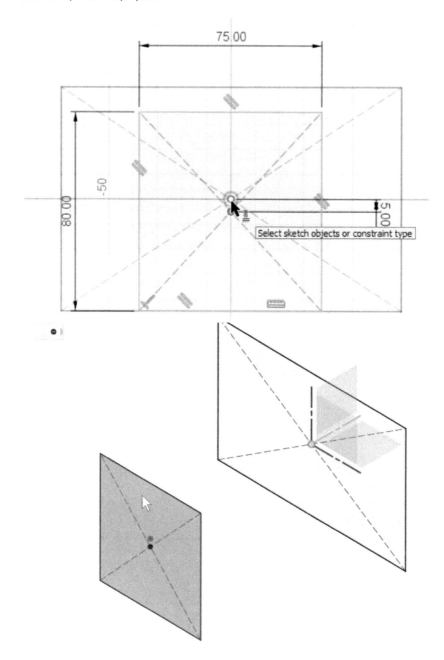

Figura 99: Il secondo rettangolo (75 x 80 mm) sul piano di offset di 120 mm (immagine superiore) e i due rettangoli completati in modalità 3D (immagine inferiore)

Con la funzione "Loft" possiamo ora avere i due rettangoli collegati in modalità 3D per formare un solido.

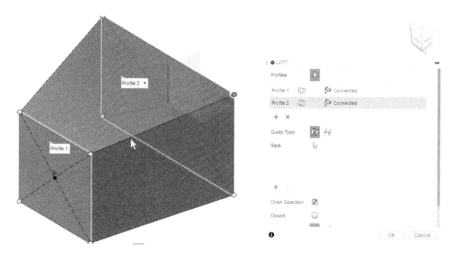

Figura 100: Usare la funzione "Loft" per creare un solido

Per la cabina di guida, disegniamo poi un nuovo schizzo con un rettangolo largo 140 mm e alto 170 mm sul piano posteriore di questo solido.

Poi estrudiamo questo rettangolo di 120 mm. Ora abbiamo già le due forme di base per il nostro oggetto.

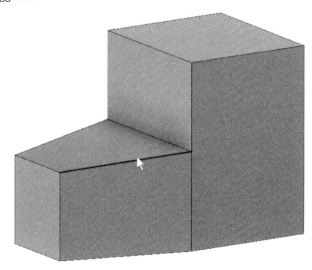

Figura 101: Il corpo base della parte anteriore del camion

Per i due parafanghi o passaruota, disegniamo uno schizzo sul piano y-z nel passaggio successivo, poiché vogliamo estruderli simmetricamente dal centro.

Dopo aver iniziato uno schizzo, disegniamo prima un arco di 3 punti con un raggio di 50 mm e 72 mm di distanza in direzione orizzontale dall'origine.
Abbiamo impostato i due punti rimanenti in coincidenza con l'angolo sinistro e una volta con la linea inferiore del vano motore. Poi abbiamo bisogno di due linee orizzontali, ciascuna lunga 2,5 mm, che partono dai punti d'angolo, e un altro arco di 3 punti, che impostiamo concentricamente al primo arco e iniziano o finiscono alle linee lunghe 2,5 mm.

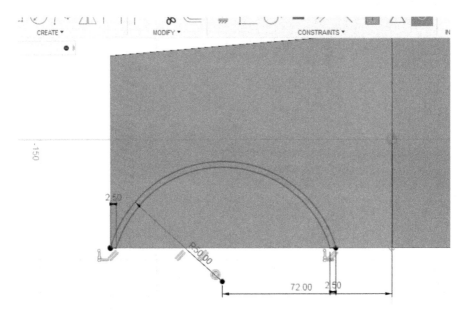

Figura 102: Il profilo per i due passaruota; disegnato sul piano y-z

Per poter estrudere il profilo in modalità 3D, dobbiamo prima nascondere il corpo precedente, altrimenti non possiamo selezionare il profilo perché è all'interno.

Figura 103: Nascondere un corpo: clicca sul simbolo del piccolo occhio nella struttura ad albero

Prendiamo una dimensione di 70 mm con direzione simmetrica o "Direction", "Symmetric". Se vogliamo creare un corpo indipendente per l'elemento volume, selezioniamo "New Body" per "Operation", altrimenti semplicemente "Join", allora verrà semplicemente unito al corpo precedente. In questo caso scegliamo "Join", perché queste ali dovrebbero ancora appartenere al nostro corpo base.

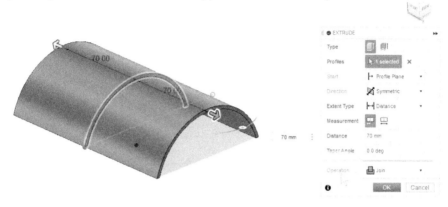

Figura 104: estrusione simmetrica della superficie 2D per i passaruota/parafanghi

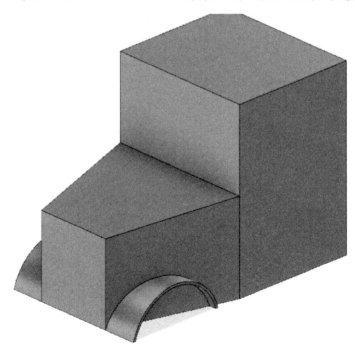

Figura 105: avanzamento della costruzione fino ad ora, dopo che il corpo è stato sfumato di nuovo

71

In questo capitolo vogliamo solo creare un nuovo corpo per ogni parte aggiuntiva come la griglia del radiatore, i fari e il paraurti, ma nessun componente come faremo in un normale assemblaggio. Abbiamo già accennato brevemente a come trattare i componenti e come collegarli ai giunti in un assemblaggio in un capitolo precedente e lo impareremo in modo più dettagliato nel prossimo capitolo.

Nota che in questo contesto, corpo e componente sono termini diversi. Sei confuso da corpi, componenti e assemblaggi? Facciamo una breve digressione sul corpo rispetto al componente:

La differenza tra corpi e componenti è che ogni gruppo è composto da componenti singoli e ogni componente a sua volta è composto da corpi. Quindi è una sorta di dettaglio gerarchico. In un'automobile, per esempio, le parti del telaio, le porte, le ruote e tutte le altre parti singole, fino alle più piccole viti, sono componenti. Ognuno di questi componenti di un gruppo principale, a sua volta, può essere suddiviso in diversi corpi o anche solidi. Ma non devi necessariamente farlo, puoi anche costruire una singola parte, cioè un componente, da un solo corpo, specialmente se è progettato molto semplicemente.

In questo caso, costruiamo il nostro modello da un solo componente, ma poiché il componente è un po' più complesso, lo facciamo con diversi corpi. Questo offre il vantaggio, per esempio, di poter delimitare chiaramente i singoli corpi e, per esempio, nasconderli o cambiare leggermente l'aspetto dei singoli corpi. Lo facciamo anche perché nel prossimo progetto di design lavoreremo solo con i componenti.

In conclusione, per riassumere brevemente: un corpo è, per così dire, una demarcazione più dettagliata all'interno di un componente, che a sua volta è una singola parte di un assemblaggio. Un corpo è principalmente una parte di una parte o di un componente, mentre un componente può essere mosso liberamente all'interno dell'assieme padre ed è collegato da giunti all'interno di un assemblaggio. Non preoccuparti se non lo capisci subito, lo capirai ancora meglio durante il corso attraverso l'applicazione pratica.

Torniamo al nostro camion. Nel prossimo passo vogliamo scavare il nostro solido, lo facciamo con il comando "Shell", un clic sulla superficie inferiore e l'inserimento di una parete di 5 mm.

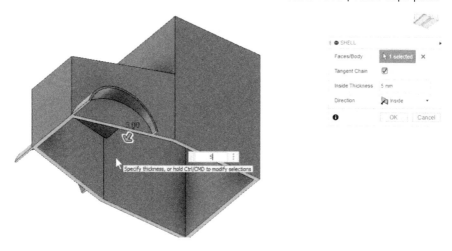

Figura 106: Applica il comando "Shell" alla superficie inferiore (parete di 5 mm)

Vorremmo anche rimuovere le superfici all'interno dei passaruota. Da un lato, potremmo iniziare un'estrusione come già la conosciamo. Dall'altra parte, possiamo semplicemente cliccare con il tasto destro del mouse sull'elemento di superficie e rimuoverlo con "Delete".

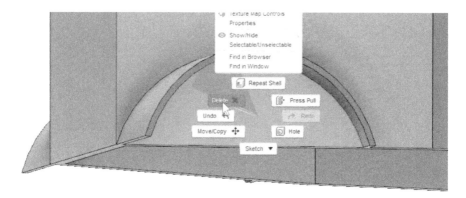

Figura 107: Cancellare le sezioni di superficie superflue con "Delete" (clic destro sulla superficie)

Successivamente, ci occupiamo del parabrezza in due parti. Vogliamo costruirlo da due semplici rettangoli. Prendi le dimensioni dal seguente profilo.

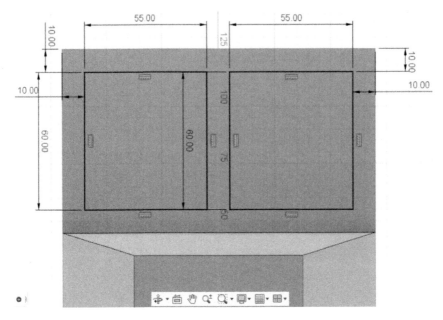

Figura 108: Le due geometrie rettangolari per il taglio del parabrezza

Poi finisci lo schizzo e ritaglialo con "Extrusion". Arrotondiamo i bordi delle finestre con 5 mm.

Figura 109: I bordi interni dei due ritagli sono arrotondati di 5 mm

Procediamo in modo simile per le finestre laterali. Per questo, però, disegniamo solo un rettangolo su un lato e poi semplicemente tagliamo per tutta la larghezza, dato che

74

la cabina è comunque cava. Le dimensioni e la posizione del rettangolo dovrebbero essere le seguenti:

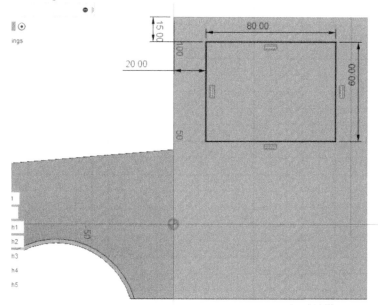

Figura 110: Le dimensioni per il taglio delle due finestre (estrusione attraverso il corpo completo)

Per dare al nostro modello almeno l'aspetto di una porta, scopriamo una nuova funzione, il comando "Emboss". Per questo comando abbiamo prima bisogno di uno schizzo, quindi disegniamo un rettangolo per imprimere la porta sulla superficie laterale della cabina di guida. Il punto di partenza dovrebbe essere nell'angolo inferiore sinistro della finestra e il rettangolo dovrebbe essere alto 90 mm e largo quanto la finestra.

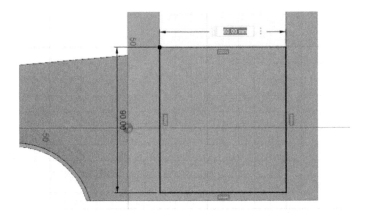

Figura 111: rettangolo 80 x 90 mm sul lato del camion per la porta

Poi selezioniamo il comando "Emboss" (menu: "Create") e il profilo abbozzato e selezioniamo "Deboss" come effetto, poiché non vogliamo un'elevazione ma una depressione e inseriamo 1 mm come profondità.

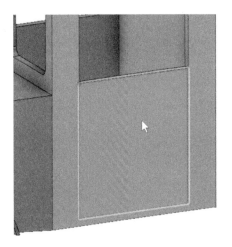

Figura 112: comando "Emboss" con l'opzione "Deboss"

Come avrai capito, questo passo sarebbe stato possibile anche con "Extrude".

Per la maniglia della porta, ora disegniamo un altro rettangolo su questa superficie. Questa volta con le seguenti dimensioni:

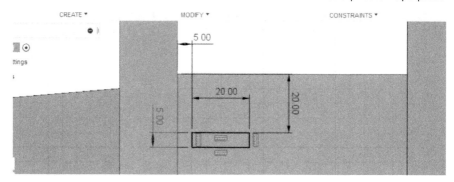

Figura 113: Il rettangolo per la maniglia della porta

Poi estrudiamo il profilo di 5 mm e selezioniamo "New Body" in Operation, poiché vogliamo per questo, creare un nuovo corpo.

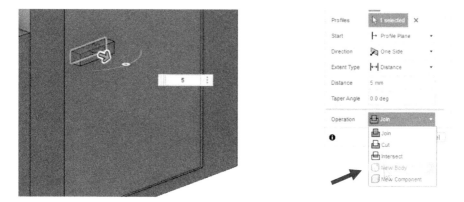

Figura 114: estrudi la maniglia della porta di 5 mm e fai creare un nuovo corpo

Per renderci le cose più facili, ci limitiamo a duplicare queste due caratteristiche sull'altro lato. Per farlo, selezioniamo il comando "Mirror" (menu: "Create") e nelle opzioni selezioniamo prima "Type": "Features". Quindi selezioniamo semplicemente la goffratura e la maniglia della porta nella linea temporale (sotto) e poi cambiamo nelle opzioni specchio alla voce: "Mirror Plane" e selezioniamo il piano y-z come piano a specchio.

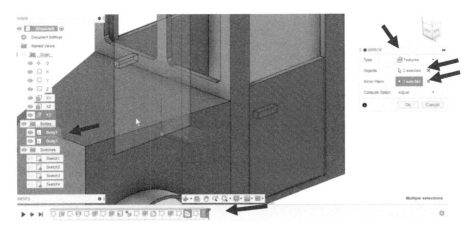

Figura 115: comando "Mirror". Prima seleziona le caratteristiche dalla timeline, poi il piano a specchio

La funzione "Mirror" di solito fa risparmiare molto tempo con parti e caratteristiche simmetriche, tra l'altro, anche nell'ambiente di schizzo 2D; quindi, cerca di usarla il più spesso possibile.

Continua con due filetti, uno per le due maniglie delle porte con 1,5 mm ciascuno e i due bordi superiori dei finestrini laterali con 5 mm ciascuno.

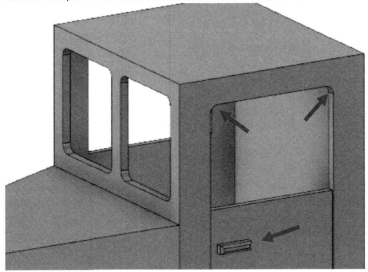

Figura 116: Aggiungi i filetti (per le maniglie delle porte, seleziona semplicemente la superficie superiore)

Ora disegniamo il paraurti. Questo dovrebbe essere situato nella parte anteriore con le dimensioni di 140 mm e 15 mm. Per fare questo, usiamo di nuovo la dipendenza colineare per la linea orizzontale superiore, che colleghiamo alla parte anteriore del camion, e ad esempio la linea verticale sinistra, che colleghiamo al lato del camion, per definire completamente lo schizzo.

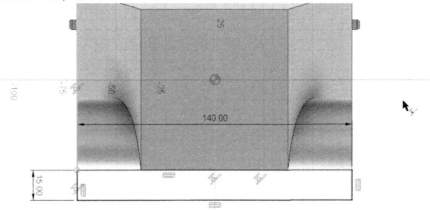

Figura 117: Lo schizzo 2D per il paraurti sul lato anteriore del camion (fai solo lo schizzo sul lato anteriore)

Poi possiamo estrudere il profilo di 8 mm, creiamo di nuovo un nuovo corpo (Seleziona "New Body"), e lo arrotondiamo di 4 mm.

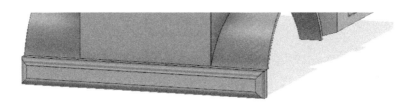

Figura 118: paraurti finito (per l'arrotondamento seleziona semplicemente la superficie superiore)

Per i fari, disegniamo prima uno dei due necessari, sulla superficie frontale e poi di nuovo lo duplichiamo. Il profilo dovrebbe avere le seguenti dimensioni, per esempio:

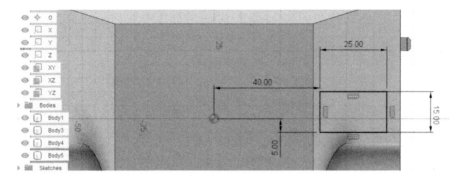

Figura 119: Lo schizzo di uno dei due fari (schizzo sulla superficie anteriore del camion)

Poi lo estrudiamo con 10 mm. Inoltre, disegniamo un altro ritaglio di 2 mm con 2 mm di distanza dal corpo del faro (disegna un rettangolo con 2 mm di distanza dal bordo del faro in uno schizzo) per migliorare un po' il design.

Figura 120: Per il taglio, disegna un rettangolo con 2 mm di distanza dal bordo sulla superficie del faro ed estrudi 2 mm verso l'interno ("Cut")

E un puntone di collegamento per aggiungere un po' più di stabilità. Per questo puntone di collegamento abbiamo bisogno di una geometria circolare sulla superficie laterale anteriore del camion con 6 mm di diametro ad una distanza di 83 mm e orizzontale rispetto all'origine.

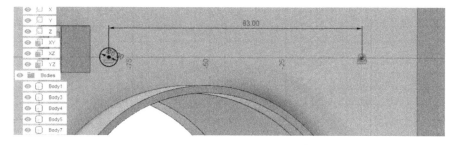

Figura 121: Crea la geometria del cerchio sulla superficie laterale anteriore del camion (clic destro sulla superficie → Crea schizzo)

Inoltre, un'altra geometria circolare sul retro del faro, anch'essa di 6 mm di diametro, che abbiamo semplicemente dimensionato dai bordi superiore e laterale a 8 mm e 12 mm.

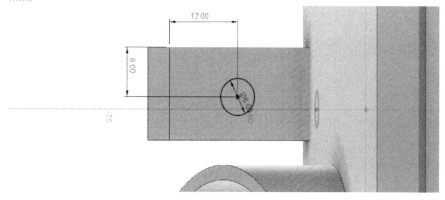

Figura 122: La seconda geometria circolare sul retro del faro

Poi usiamo il comando "Loft" e colleghiamo le due superfici circolari per formare un puntone di collegamento tridimensionale.

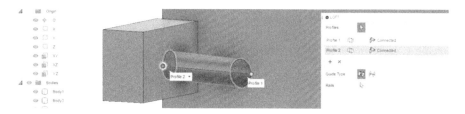

Figura 123: comando "Loft" dal menu "Create"

Ora possiamo duplicare il faro e il montante dall'altra parte.

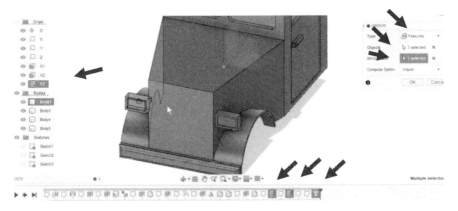

Figura 124: "Mirror": Seleziona le caratteristiche in "Type" nelle opzioni (in alto a destra), poi passa a "Objects" e seleziona le caratteristiche nella linea temporale (in basso), infine passa a "Mirror Plane" nelle opzioni (in alto a destra) e seleziona il piano y-z nell'albero della struttura. Fatto!

Come ultimo dettaglio del frontale del nostro camion vorremmo disegnare una griglia del radiatore. Per fare questo, iniziamo prima un nuovo schizzo sulla superficie frontale. Poi disegniamo prima un rettangolo con una larghezza di 75 mm e un'altezza di 80 mm, la linea laterale e quella superiore devono essere colineari alle linee della superficie frontale. Nella fase successiva, un altro rettangolo, con 4 mm di distanza dal bordo del primo rettangolo, che confina con i nostri ritagli per il raffreddamento.

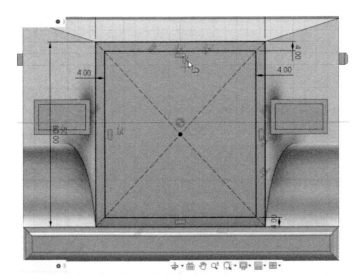

Figura 125: Disegna i due rettangoli sulla superficie frontale - uno di loro congruente e un altro con una distanza di 4 mm dal bordo

Poi, disegniamo una linea verticale congruente con la linea centrale. Poi, ad una distanza di 1 mm dalla linea centrale, disegniamo una linea a sinistra e una linea a destra della linea centrale. I punti di inizio e fine dovrebbero trovarsi sul secondo rettangolo disegnato.

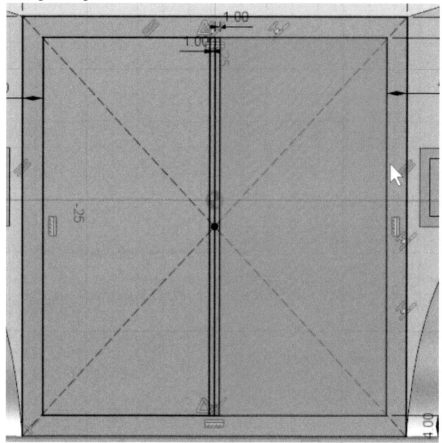

Figura 126: La linea centrale e una linea a sinistra e a destra di essa, ognuna distante 1 mm

Ora dovremmo disegnare molte di queste linee, perché vogliamo estrudere ogni secondo spazio di esse per ottenere la forma della griglia del radiatore.

Per semplificarci la vita, usiamo un nuovo comando, il comando "Pattern" o anche in questo caso, "Rectangular Pattern".

Per fare questo, selezioniamo gli elementi della linea verticale, inseriamo una distanza di 1 mm tra gli elementi.

Poi selezioniamo per "Distance Type": "Spacing" e per "Direction Type" per l'asse x: "Symmetric", dato che vogliamo entrambe le direzioni x, e aumentiamo il numero a 65. Il programma fa il lavoro per noi.

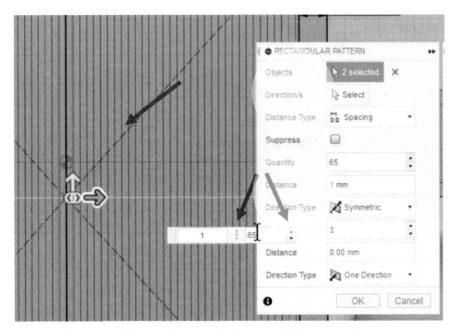

Figura 127: Comando "Rectangular Pattern" (Le linee nere desiderate sono già state create dal programma in questa immagine)

Per creare il corpo solido della griglia del radiatore, ora estrudiamo l'area tra i due rettangoli grandi e un secondo rettangolo lungo e stretto di 2 mm verso l'esterno per creare il seguente corpo:

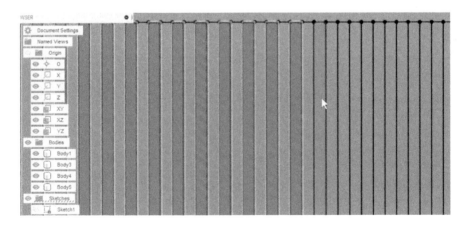

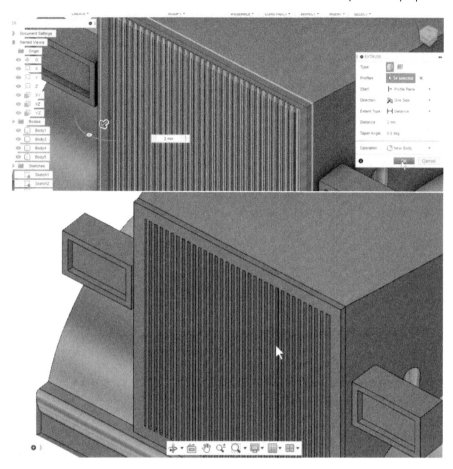

Figura 128: Estrusione della griglia del radiatore

Molto bene! Dopo aver arrotondato le superfici della cabina di guida con 2 mm ciascuna, diamo un'occhiata veloce ai singoli corpi e poi avremo finito questa lezione!

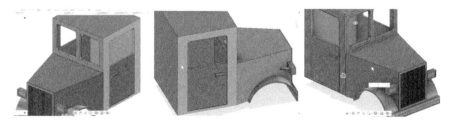

Figura 129: Arrotondamento delle superfici per la cabina di guida (superfici azzurre e raggio di 2 mm)

Come possiamo vedere, ora abbiamo creato diversi corpi nella cartella "Bodies" nell'albero della struttura. Più precisamente, uno ciascuno per le maniglie delle porte,

85

la cabina di guida, i fari, i montanti, il paraurti e la griglia del radiatore. Ora possiamo nascondere/mostrare questi corpi come vogliamo o cambiare il materiale o l'aspetto per ogni corpo con un clic destro.

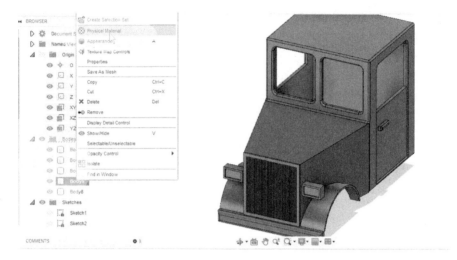

Figura 130: Cambia il materiale di un corpo (clic destro sul corpo e "Physical Material". Nel menu, semplicemente "trascina" un materiale sul corpo con il pulsante del mouse premuto)

Se vogliamo possiamo stampare il modello così com'è con una stampante 3D. Se sei interessato alla stampa 3D, dai un'occhiata al corso "Stampa 3D | Passo dopo passo".

Se preferisci costruire il paraurti, la griglia del radiatore e i fari come componenti indipendenti e poi assemblarli nel montaggio, dovresti prima dare un'occhiata alla prossima lezione. In questa lezione vedremo passo dopo passo e in dettaglio come funziona la gestione dei componenti in un assemblaggio. Costruiremo un modello semplificato di un motore a combustione interna a 4 cilindri.

Sarà davvero una figata! Andiamo subito avanti!

4.4 Progetto di design IV: modello di motore per auto a 4 cilindri

In questo capitolo, come annunciato, vogliamo costruire un modello semplificato di un motore a 4 cilindri. Vogliamo prima costruire questo modello da diversi componenti principali, come nella realtà, ma poi trascureremo alcuni dettagli in modo che la costruzione non diventi troppo complessa. Abbiamo bisogno di un carter, quattro pistoni, quattro bielle, quattro spinotti e un albero motore. In questo corso faremo a meno della coppa dell'olio e della testa del cilindro con coperchio delle valvole.

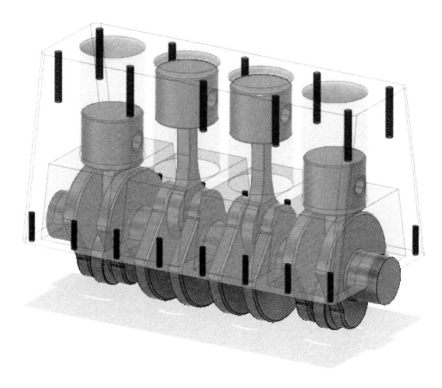

Figura 131: Il modello del motore a 4 cilindri che costruiremo in questo capitolo

4.4.1 Parte 1: Carter

Figura 132: Il carter del motore a 4 cilindri

Il primo componente che costruiamo è il carter, poiché crea un punto di partenza centrale. Per fare questo, iniziamo sul piano x-y con uno schizzo.

Per creare la forma del carter come corpo di base, per prima cosa spaniamo un rettangolo dal punto centrale (origine delle coordinate sul piano) e possiamo immediatamente inserire 500 mm come larghezza e 150 mm come altezza come dimensioni. Come possiamo vedere, il profilo abbozzato diventa nero dopo aver inserito le dimensioni, cioè è completamente definito.

Poi finiamo lo schizzo e creiamo un piano parallelo al piano x-y in modalità 3D con una distanza di -250 mm, come abbiamo già imparato in una delle lezioni precedenti.

Su questo piano disegniamo poi un rettangolo con la stessa larghezza, cioè 500 mm, e un'altezza di 250 mm (l'inizio è di nuovo il centro delle coordinate).

Dopo aver chiuso lo schizzo, usiamo il comando "Loft" per creare un solido trapezoidale.

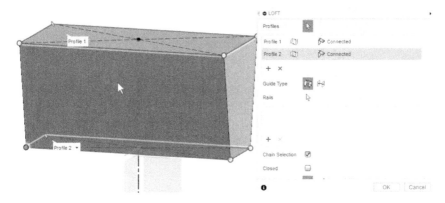

Figura 133: Collegare i due schizzi sui piani con il comando "Loft" / "Elevazione

Ora ci occupiamo dei fori per i pistoni, cioè i cilindri. Possiamo inserirli in due modi, o con la funzione "Hole" o come ritaglio circolare con "Extrude".

Dato che i fori devono passare completamente attraverso il cuboide, in questo caso usiamo semplicemente il cut-out. Per fare questo, iniziamo uno schizzo sulla superficie superiore.

Vorremmo creare dei cilindri con un diametro di 90 mm e costruire un motore a 4 cilindri. Pertanto, abbiamo bisogno delle seguenti dimensioni e geometrie:

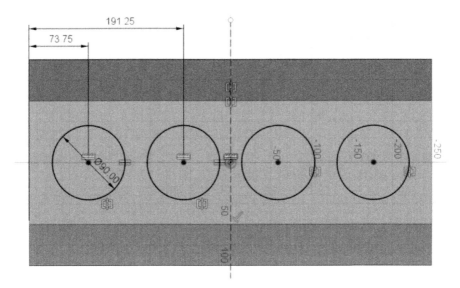

Figura 134: I cerchi per i tagli dei cilindri; abbozzati sulla superficie superiore

Qual è il modo più semplice per disegnare questi cerchi? Per prima cosa disegniamo un cerchio con un diametro di 90 mm e determiniamo la sua posizione nella direzione dell'asse x con una dimensione di 73,75 mm dal centro al bordo. Per definire completamente la posizione del cerchio, abbiamo bisogno non solo del diametro e di una dimensione ad un punto fisso nella direzione x, ma anche di una posizione nella direzione y. Dato che il centro del cerchio dovrebbe essere sull'asse x, usiamo una condizione invece di una dimensione. Seleziona il centro del cerchio e l'origine e seleziona la condizione orizzontalmente. Poi il profilo diverrà nero e sarà quindi completamente definito.

Per il secondo cerchio usiamo di nuovo le condizioni. Prima disegniamo semplicemente un cerchio e poi impostiamo la condizione "Equal", così il cerchio avrà la stessa dimensione senza ulteriori dimensioni (seleziona la condizione ed entrambi i cerchi). Poi di nuovo la condizione "orizzontale" per la posizione y del cerchio. E una dimensione in x, per la posizione x nel sistema di coordinate. In questo caso 191,25 mm, per creare una distanza uniforme di 117,5 mm tra i cilindri.

Dato che la nostra geometria dei quattro cerchi è assial-simmetrica intorno all'asse y, ora possiamo creare gli altri due cerchi molto velocemente e facilmente con il comando "Mirror". Per il comando, dobbiamo prima creare un asse attorno al quale vogliamo duplicare, dato che l'asse y in questo caso non è selezionabile. Lo facciamo disegnando una linea congruente all'asse y e collegandola con la coincidenza sull'origine.
Poi convertiamo questa linea in una linea di costruzione o ausiliaria cliccando con il tasto destro e selezionando "Normal/Construction". Questo può essere riconosciuto dal tipo di linea tratteggiata.

Non definiremo completamente le linee di costruzione, poiché non sono necessariamente rilevanti. Abbiamo solo bisogno di una posizione definita in direzione x, questo lo abbiamo già.

Poi seleziona il comando "Mirror" nel menu "Create" e seleziona i due cerchi, cambia la selezione nelle opzioni in "Mirror Line" e poi seleziona la linea di costruzione appena creata. Voilà, gli altri due cerchi sono creati e già completamente definiti.

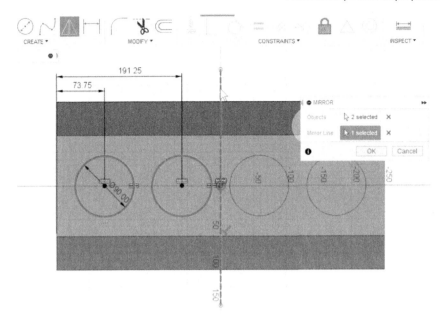

Figura 135: Seleziona "Mirror"; seleziona gli oggetti; passa a "Mirror Line" (nelle opzioni sulla destra) e poi seleziona la linea di costruzione; vengono creati dei cerchi speculari

Chiudiamo lo schizzo 2D e creiamo le sezioni con "Extrude" selezionando le quattro aree circolari. Nelle opzioni possiamo selezionare "To Object" per "Extent Type" e poi selezioniamo la superficie fino alla quale devono essere fatti i ritagli. Nel nostro caso selezioniamo la superficie del pavimento. A proposito, "Cut" deve essere inserito sotto "Operation".

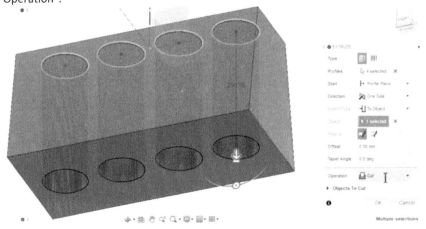

Figura 136: Taglio verso il pavimento ("To Object")

91

A proposito, avremmo potuto integrare queste aree circolari direttamente nel primo schizzo e quindi risparmiarci un passaggio.

Poi si lavora sulla parte inferiore del carter, in cui l'albero a gomiti troverà poi il suo posto. Per fare questo, creiamo un taglio trapezoidale che si estende simmetricamente dal centro dell'alloggiamento (schizzo sul piano y-z).

Per prima cosa disegniamo una linea di base e la impostiamo colineare con il fondo del carter. La lunghezza non è importante per ora.

Poi disegniamo il trapezio come mostrato e dimensioniamo l'altezza con 100 mm.

Poi misura i punti d'angolo inferiori con 25 mm al muro.

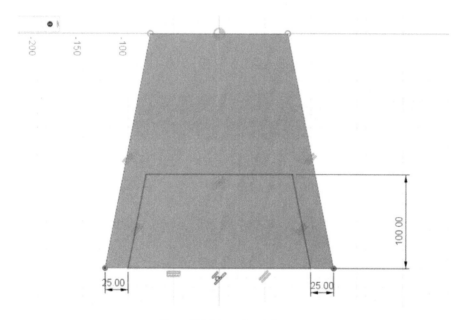

Figura 137: Il trapezio sul piano y-z

Per poter selezionare la superficie in modalità 3D, nascondiamo brevemente il corpo. In modalità 3D, utilizziamo nuovamente il comando "Extrude" e selezioniamo la superficie. Poi mostriamo di nuovo il corpo. Quindi selezioniamo l'opzione "Symmetric" per "Direction" e l'opzione "Cut" per "Operation".

Inseriamo anche una dimensione di 230 mm, dato che abbiamo una lunghezza di 500 mm e vogliamo lasciare 25 mm di spessore per ogni parete. Il calcolo è: 225 mm x 2 = 450 + 2x 25 fa 500 mm. Confermiamo e abbiamo finito.

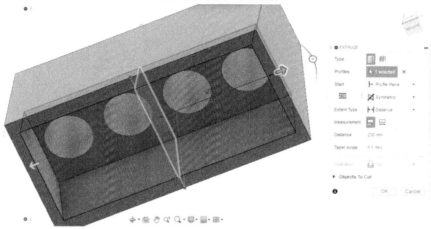

Figura 138: Facciamo il taglio nella parte inferiore del carter

Ora abbiamo bisogno di aggiungere ancora materiale per i supporti dell'albero motore. Disegniamo i seguenti tre profili rettangolari sulla superficie inferiore dell'involucro:

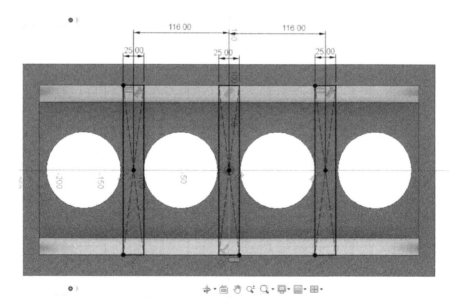

Figura 139: I tre profili rettangolari; schizzo iniziale sul bordo inferiore dell'alloggiamento

Poi lo estrudiamo in modalità 3D selezionando "To Object" in "Extent Type", così come "Join" in "Operation", nelle opzioni di estrusione. In questo modo possiamo selezionare la superficie inferiore del cilindro ed estrudere le tre barre su di essa.

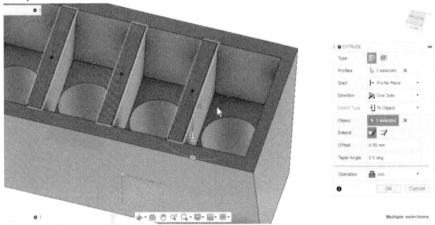

Figura 140: Estrudere le 3 barre sulla superficie interna

Nel passo successivo creiamo un taglio circolare per le superfici di supporto dell'albero motore. Per fare questo, disegniamo un cerchio con un diametro di 70 mm e una distanza di 125 mm dal punto d'angolo sulla parete laterale dell'involucro. Il centro del cerchio dovrebbe essere congruente con la linea di fondo.

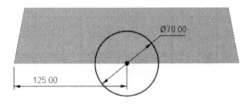

Figura 141: geometria circolare per il supporto dell'albero a gomiti; schizzo sulla faccia laterale

Poi lo estrudiamo completamente attraverso l'intero involucro utilizzando l'opzione "Cut".

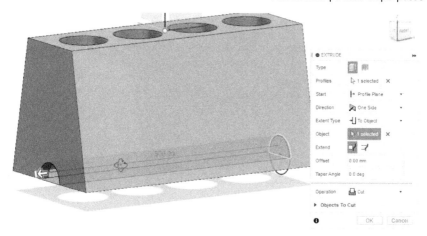

Figura 142: Creazione del taglio per l'albero motore

Nel penultimo passo, vorremmo creare dei fori filettati per montare la testa del cilindro e la coppa dell'olio nel nostro carter molto primitivo. Per prima cosa creiamo i fori per la testa del cilindro. Per fare questo, usiamo la funzione "Hole" in modalità 3D.

Per poter posizionare correttamente i fori, iniziamo prima uno schizzo 2D sulla superficie superiore dell'alloggiamento. Abbiamo bisogno di dieci fori per la testa del cilindro. Per crearli velocemente e facilmente, usiamo il comando "Pattern" dall'area "Create". In questo caso abbiamo bisogno di nuovo di "Rectangular Pattern". Per prima cosa creiamo un punto con una distanza di 20 mm da ciascuna delle linee laterali della superficie di supporto della testa del cilindro. Poi selezioniamo il punto e il comando "Pattern". Ci vengono mostrate due frecce, così come le opzioni di input per la distanza e il numero della disposizione o del modello. Se semplicemente trasciniamo le frecce un po' più grandi nella direzione desiderata, vediamo che una matrice si estende con i punti da creare.

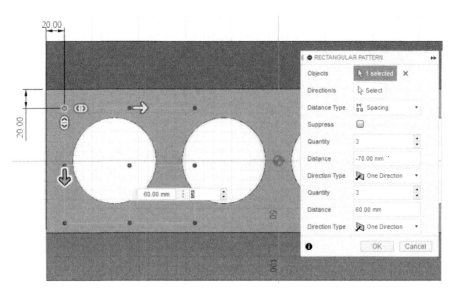

Figura 143: Un punto (con "Create" nell'area 2D) con una distanza di 20 mm è stato creato, il comando "Rectangular Pattern" è stato selezionato e le frecce sono state disegnate nella direzione desiderata

Pensalo come un tavolo. Nella direzione y abbiamo bisogno di 2 righe. Nella direzione x 5 righe. 2 x 5 è uguale a 10 punti per le buche.

I punti d'angolo dovrebbero avere una distanza di 20 mm dal bordo, cioè abbiamo bisogno di una distanza di -460 mm per il modello in direzione x e 110 mm in direzione y. Potremmo anche impostare il "Distance Type" nella barra delle opzioni su "Spacing", quindi misureremmo da punto a punto. Poi confermiamo con Ok e otteniamo il modello desiderato.

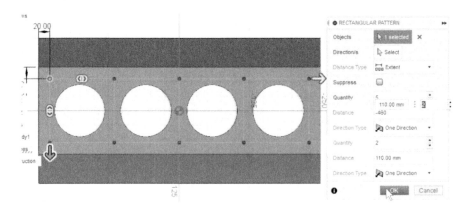

Figura 144: Per il Tipo di Distanza: seleziona "Extent" e inserisci la distanza e il numero per la direzione x o y nei rispettivi campi "Distance" (-460 mm in x; 110mm in direzione y)

Poi selezioniamo il comando "Hole" in modalità 3D e creiamo i fori inserendo le specifiche e selezionando i punti. "From Sketch" deve essere selezionato per "Placement". Per prima cosa selezioniamo il tipo di foro, cioè "simple" e poi "tapped", perché vogliamo creare un foro filettato. Vogliamo una filettatura completa e un cosiddetto foro cieco come foro di un trapano ("angle" per "drill point").

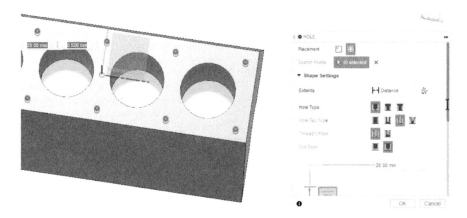

Figura 145: Seleziona le specifiche per i fori

Nei campi di selezione inferiori possiamo poi scegliere quale dimensione deve avere il foro filettato. Per esempio, i nostri fori dovrebbero essere lunghi 70 mm e avere un diametro di 10 mm per una filettatura metrica M10. Vogliamo anche un passo di filettatura di 1,5.

97

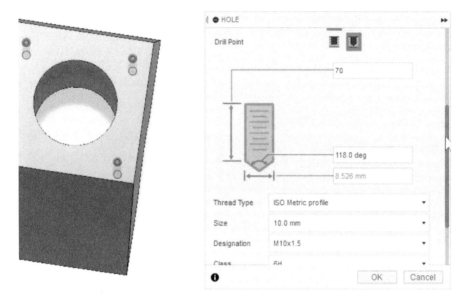

Figura 146: Dai ulteriori specifiche per i fori

Possiamo anche selezionare la casella "Modeled" (scorri più in basso nelle opzioni) in modo che il filo sia effettivamente tagliato e visualizzato come reale. Tuttavia, questo richiede un po' più di potenza di calcolo e potrebbe richiedere un po' più di tempo. Conferma con "Invio" e i fori filettati verranno creati.

Un altro suggerimento: come già detto molte volte, ci sono diversi metodi di costruzione, a volte più veloci, a volte più lenti, ma fondamentalmente tutti portano all'obiettivo. Quindi, se possibile, pensali tutti insieme in modo da poter individuare anche altri modi. Con i fori, per esempio, è anche possibile creare prima un foro in modalità 3D e poi utilizzare la funzione "Pattern" della modalità 3D e posizionare i fori allo stesso modo dei punti di schizzo.

Guardiamo questo per i fori per il montaggio di una coppa dell'olio.
Selezioniamo "Hole" e poi prima la superficie del foro, cioè il lato inferiore dell'involucro. Poi il tipo di foro e le specifiche come prima. Tuttavia, qui per esempio, vogliamo solo fori filettati M8, e una dimensione di 40 mm. Poi selezioniamo semplicemente due bordi per posizionare il foro e inseriamo la dimensione desiderata in direzione x e y per posizionare il primo foro. Conferma ogni 12,5 mm con Enter e il foro sarà creato.

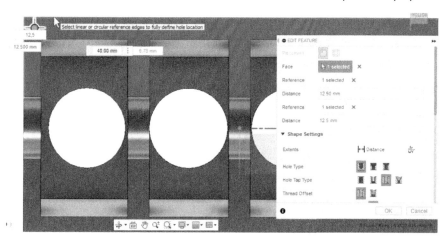

Figura 147: Dimensiona i fori in modalità 3D senza schizzo; seleziona semplicemente un bordo come riferimento per la posizione x e inserisci il valore della dimensione; poi ripeti per la posizione y

Poi selezioniamo il foro e usiamo il comando "Pattern". Nel prossimo passaggio passiamo a "Directions" nelle opzioni e poi clicchiamo sull'asse x per indicare la prima direzione. Le frecce appaiono e possiamo procedere allo stesso modo dello schizzo 2D di prima. Nella direzione x vogliamo 8 fori con una distanza totale di 475 mm e nella direzione y 2 fori con una distanza di -225 mm; in totale 16 fori.

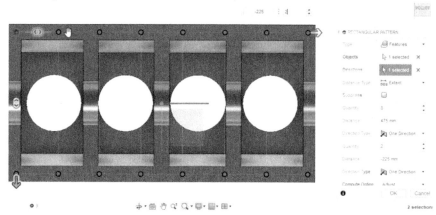

Nell'ultimo passo per il carter e in questa lezione usiamo il comando "Fillet" per arrotondare gli angoli. Seleziona il comando, seleziona i bordi desiderati (ad esempio quelli laterali) e inserisci un raggio di arrotondamento ad esempio di 10 mm. Il carter è finito! La prossima lezione continua con pistoni, bielle e spinotti. Continua!

4.4.2 Parte 2: Biella, pistone e spinotto

Figura 148: Biella, pistone e spinotto (non visibile)

In questa sezione siamo interessati alle bielle, ai pistoni e agli spinotti dei pistoni. Per fare questo, iniziamo con la creazione dei pistoni. Per questo selezioniamo la parte inferiore del carter e avviamo un nuovo componente con un clic destro sul carter nella struttura ad albero ("New Component"). Poi iniziamo uno schizzo sulla superficie interna inferiore del carter (il nuovo componente) e disegniamo un cerchio di 85 mm di diametro concentrico al 1° cilindro e poi finiamo lo schizzo. Ora dobbiamo ancora estrudere la superficie del cerchio, scegliamo ad esempio 70 mm.

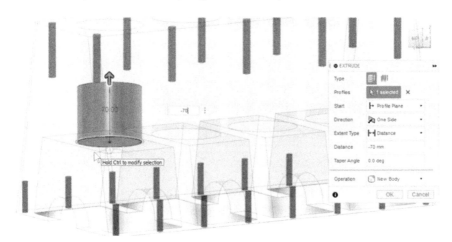

Figura 149: Superficie già estrusa per il pistone (estrusione di 70 mm)

Nella fase successiva, scaviamo il pallone e gli diamo uno spessore della parete di 5 mm ("shell").

Poi iniziamo uno schizzo sul piano y-z del pistone per fare un'incisione per lo spinotto del pistone, che poi collega il pistone e la biella. Per esempio, scegliamo un diametro di 30 mm e dimensioniamo il cerchio con 35 mm al bordo inferiore, in modo che sia centrale. Colleghiamo anche il punto centrale con un collegamento orizzontale al punto centrale del bordo del pistone.

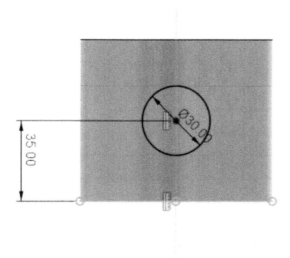

Figura 150: Lo schizzo per il taglio dello spinotto del pistone sul piano y-z del pistone.
Il pistone è stato semplicemente spostato un po' nello spazio 3D per renderlo più facile da disegnare.

Poi estrudiamo il ritaglio in modalità 3D e creiamo un'apertura. Infine, arrotondiamo i bordi superiore e inferiore del pallone con 2 mm.

Figura 151: La fiasca finita e scavata con il taglio e i filetti

Le fasce elastiche e altri dettagli non sono inclusi per ragioni di complessità e di tempo.

In seguito, continueremo prima con la biella e lo spinotto del pistone, dato che copieremo semplicemente i componenti che saranno necessari più volte per gli altri cilindri, dato che sono identici.

Per la biella creiamo di nuovo un nuovo componente. Abbozziamo quindi il seguente profilo trasversale della biella sul piano y-z di questo nuovo componente.

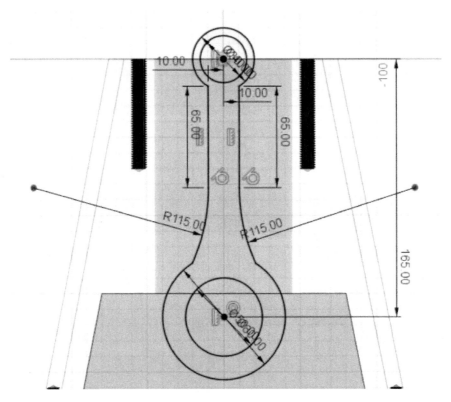

Figura 152: La geometria della biella; seguono passi dettagliati e ulteriori dimensioni.

Iniziamo con i due "occhi". L'occhio superiore della biella dovrebbe avere un diametro interno di 30 mm e 40 mm esterno.

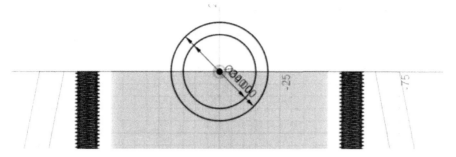

Figura 153: L'occhio superiore della biella consiste in due cerchi congruenti (30 mm & 40 mm). Il punto di partenza dovrebbe essere l'origine delle coordinate

L'occhio di biella inferiore 50 mm all'interno e 80 mm all'esterno. Poi mettiamo i due centri verticalmente l'uno rispetto all'altro e dimensioniamo la distanza a 165 mm.

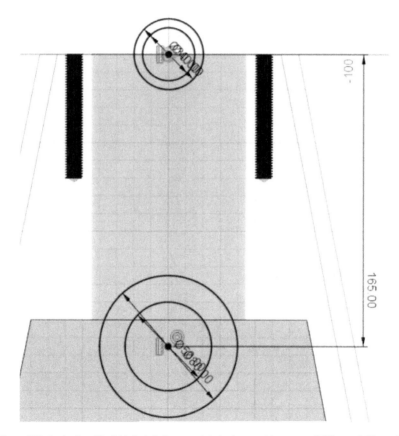

Figura 154: Anche l'occhio di biella inferiore consiste in due cerchi congruenti (50 mm & 80 mm). La distanza dall'origine delle coordinate dovrebbe essere di 165 mm.

Poi disegniamo due linee verticali lunghe 65 mm, ognuna delle quali dovrebbe avere una distanza orizzontale di 10 mm dal centro dell'occhio superiore della biella.

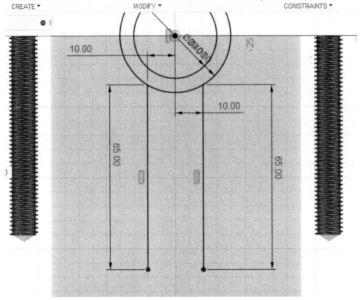

Figura 155: due linee verticali, ciascuna lunga 65 mm, per l'albero della biella

Completiamo il profilo con due curve tangenziali, ognuna delle quali dovrebbe avere un raggio di R=115 mm.

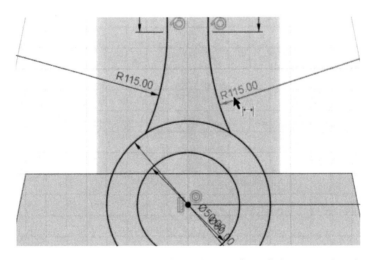

Figura 156: Disegniamo due archi tangenziali (punti di inizio e fine sulle linee verticali e sul cerchio di 80 mm rispettivamente) con misura ciascuno di 115 mm.

Infine, usiamo la funzione "Trim" e rimuoviamo le linee in eccesso.

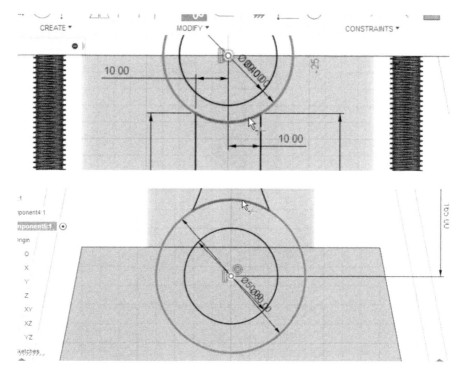

Figura 157: Rimuovi le due linee in eccesso (rosse) con lo strumento "Trim".

Fatto questo, possiamo finire lo schizzo ed estrudere la biella di 20 mm. Affinché le transizioni non siano troppo estreme, possiamo arrotondare la transizione in basso e in alto con 20 mm nella zona della biella.

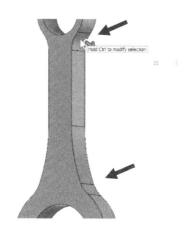

Figura 158: Arrotonda i bordi delle transizioni in alto e in basso con 20 mm (già fatto).

Arrotonda anche i bordi delle due superfici di 1 mm ciascuno. In questo caso, anche la biella è un modello altamente semplificato. Normalmente, una biella assomiglia a quella in questa foto:

Figura 159: Biella (senza cuscinetti principali) di un motore reale

Nella zona inferiore è divisa in due parti, la geometria è più mirata e ci sono anche i cosiddetti gusci di cuscinetti di biella che si posizionerebbero nell'occhio inferiore.

Pertanto, disegniamo prima lo spinotto del pistone prima di collegare la biella al pistone. Per fare questo, creiamo di nuovo un nuovo componente e disegniamo un cerchio con un diametro di 30 mm sul suo piano y-z, che poi estrudiamo 77,5 mm simmetricamente e scaviamo fino ad uno spessore della parete di 3 mm.

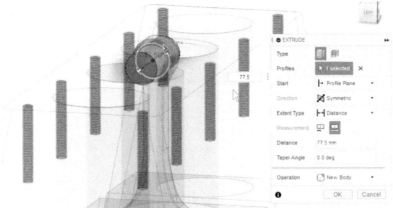

Figura 160: estrudi simmetricamente lo spinotto del pistone 77.5 mm (Measurement: "Whole Length")

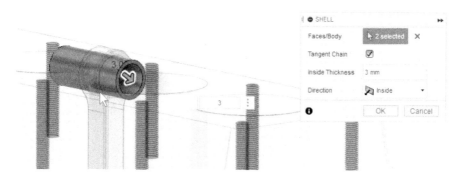

Figura 161: Svuotare lo spinotto del pistone (seleziona entrambi i lati e inserisci 3 mm)

Poi, per prima cosa montiamo la biella sullo spinotto del pistone selezionando i seguenti punti come origini del giunto e selezionando il tipo di giunto "Revolute" (prima attiva il comando "Joint").

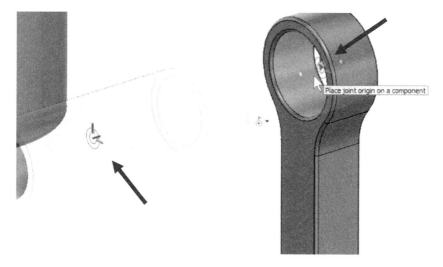

Figura 162: Quando selezioni le origini dell'articolazione, assicurati di selezionare la superficie centrale e che l'orientamento corrisponda alla Figura

Figura 163: giunto già creato; usa il tipo di giunto "Revolute"

E poi montiamo il pacchetto di perno e biella nel pistone, utilizzando un'origine di giunzione laterale sul perno e al centro dell'apertura del perno sul pistone. Qui è necessaria un po' di pazienza fino a quando non vengono selezionate o trovate le due corrette origini del giunto. Presta particolare attenzione al corretto allineamento degli assi nei punti di rotazione.

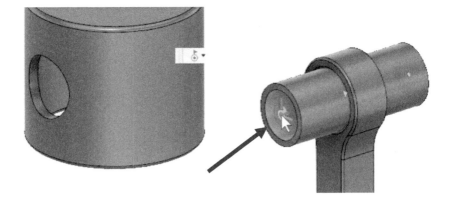

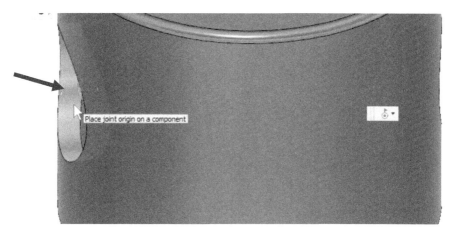

Figura 164: Posizionamento delle due origini del giunto; in alto al centro delle scanalature laterali dello spinotto del pistone e in basso al centro del foro del pistone.

Nel penultimo passaggio di questa lezione, copiamo il gruppo già collegato formato da pistone, biella e spinotto del pistone altre tre volte. Per fare questo, selezioniamo i tre componenti nell'albero della struttura dopo averli nominati e li copiamo con CTRL-C. Li incolliamo nell'ambiente di progettazione con CTRL-V. Chiudiamo la finestra che si apre. I componenti sono ora inseriti in modo congruente, cioè dobbiamo prima portarli alla luce semplicemente spostando i vecchi componenti.

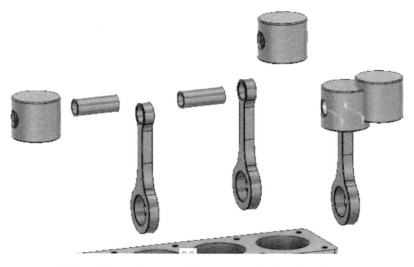

Figura 165: I nuovi componenti non ancora ordinati e collegati per gli altri tre cilindri

Dopo aver ordinato i componenti, creiamo gli stessi collegamenti nei componenti copiati come nel primo set di pistoni, bielle e spinotti del pistone.

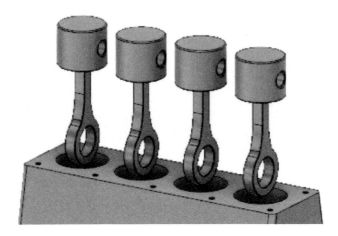

Figura 166: Pistone, biella e spinotto del pistone collegati e ordinati

Nell'ultimo passaggio di questo capitolo, colleghiamo i pistoni nel cilindro in modo che possano eseguire solo un movimento lineare nel cilindro. Per esempio, scegliamo il centro della superficie superiore del pistone e il centro del cilindro come origine del giunto e il tipo di giunto "slider".

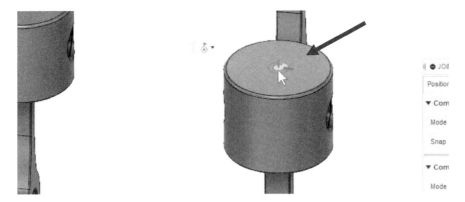

Figura 167: Posiziona l'origine del giunto 1 sul pistone (al centro della superficie superiore)

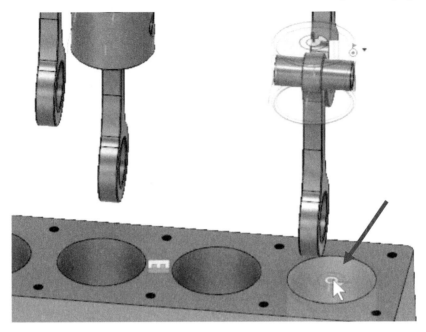

Figura 168: Posiziona l'origine del giunto 2 sul carter centralmente sulla superficie superiore del cilindro.

Procediamo allo stesso modo con gli altri tre pistoni. Cliccando sul giunto e su "Edit Joint Limits", possiamo ora anche impostare un massimo e un minimo per il range di movimento, cioè i limiti entro i quali il pistone può muoversi. Tuttavia, dato che questo è comunque determinato dal collegamento all'albero motore e alla biella, non ne abbiamo bisogno qui.

A poco a poco, ci sono alcuni giunti la cui visualizzazione può essere un po' fastidiosa, quindi al momento li nascondiamo e li mostriamo di nuovo solo quando ne avremo bisogno.

Figura 169: nascondere/mostrare i giunti nell'albero della struttura con un clic sul simbolo dell'occhio

Ora abbiamo quasi finito con il nostro semplicissimo modello di motore a 4 cilindri. Nella prossima lezione disegneremo l'albero motore. Andiamo!

4.4.3 Parte 3: Albero a gomiti

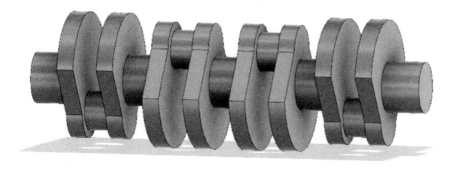

Figura 170: Il modello del nostro albero motore dovrebbe apparire così quando è finito

Prima di iniziare con l'albero motore in questa lezione, per prima cosa nascondiamo tutti i componenti che non sono necessari, in modo che rimanga solo l'alloggiamento dell'albero motore. Poi iniziamo un nuovo componente per l'albero motore. Alla fine, l'albero motore dovrebbe assomigliare a questa immagine:

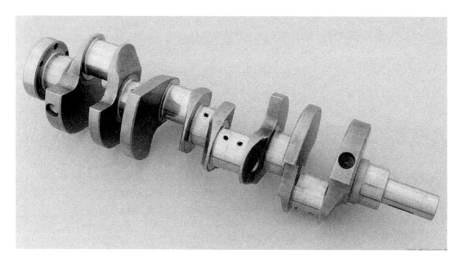

Figura 171: Un vero albero motore per un motore a 4 cilindri

Naturalmente procederemo di nuovo in modo un po' semplificato. Iniziamo un nuovo schizzo nella vista laterale sul piano y-z del nuovo componente. Poi disegniamo il primo cuscinetto principale dell'albero motore o il suo perno con un cerchio semplice di 65 mm di diametro e impostiamo una condizione concentrica.

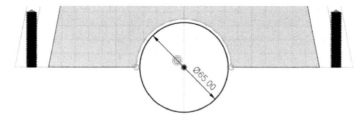

Figura 172: L'inizio del nostro nuovo componente

In modalità 3D estrudiamo questa superficie circolare e selezioniamo una distanza di 20 mm in una direzione e confermiamo con "Ok".

Dato che il nostro albero a gomito deve essere simmetrico, ne disegneremo solo una metà per il momento e più tardi lo duplicheremo semplicemente sul piano y-z. Ora costruiamo l'albero motore sezione per sezione usando l'estrusione. Sei anche invitato a considerare come potresti costruire l'albero a gomito con la funzione "Revolve", cioè come una parte in rotazione, e se questo è possibile.

Iniziamo uno schizzo per la prossima sezione, la prima guancia dell'albero motore, sul perno dell'albero creato in precedenza. Per questo creiamo due cerchi, uno con un diametro di 70 mm e uno con un diametro di 160 mm ad una distanza di 45 mm l'uno dall'altro includendo una condizione verticale tra i loro due centri. Il centro del cerchio superiore dovrebbe anche essere 40 mm verticale dal centro del perno dell'albero e stare in linea con esso, cioè essere collegato verticalmente.

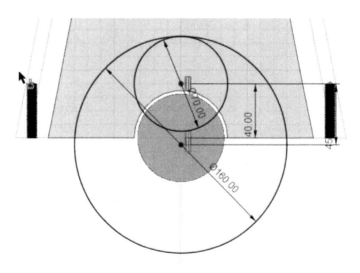

Figura 173: Due cerchi (70 & 160 mm) ad una distanza di 40 mm l'uno dall'altro. Il cerchio superiore ha una distanza di 45 mm dall'origine delle coordinate. Le dipendenze verticali sono presenti.

Poi tracciamo due linee di collegamento e le dimensioniamo verticalmente con una lunghezza di 60 mm e una dimensione centrale parallela di 30 mm al centro superiore del cerchio.

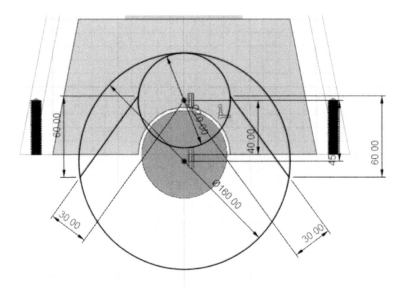

Figura 174: Due linee di collegamento (dimensione verticale 60 mm, dimensione parallela 30 mm)

Nell'ultimo passaggio usiamo la funzione "Trim" per tagliare via tutte le linee e le sezioni superflue.

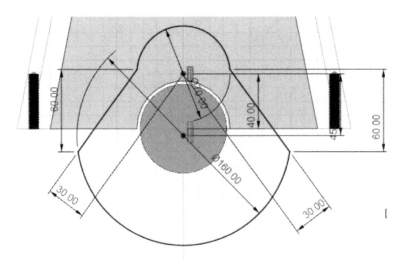

Figura 175: gli archi superflui sono già stati rimossi con lo strumento "Trim"

Poi estrudiamo questa guancia di 22 mm. Nel prossimo passaggio, disegniamo il perno dell'albero per la biella su questa guancia. Per questo disegniamo un cerchio di 50 mm che dovrebbe sedersi concentricamente alla curva superiore della guancia dell'albero motore. Abbiamo bisogno di una dimensione di 16 mm per l'estrusione.

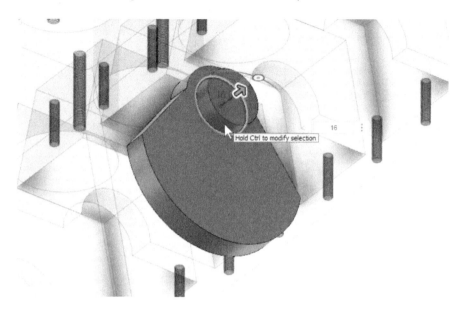

Figura 176: Il perno dell'albero per la biella sull'albero motore guancia 16 mm estruso

Se volessimo prendere una strada più complicata, potremmo ora disegnare guancia per guancia e albero per albero sopra l'altro come uno schizzo 2D ed estruderli, proprio come abbiamo fatto fino a questo punto. Ma è molto più facile usare solo questa metà per la prima biella. Questo corpo rappresenta più o meno 1/8 dell'intero albero motore.

Figura 177: Il primo 1/8 dell'intero albero motore è finito e poi duplicato

115

Di seguito useremo abilmente la funzione specchio per risparmiarci un po' di lavoro. Quindi per la seconda guancia dell'albero a gomito e le sezioni adiacenti del perno dell'albero, duplichiamo semplicemente il primo corpo selezionandolo.

Nella finestra delle opzioni, devi selezionare "Bodies" come "Type" e scegliere la superficie laterale del semiasse della biella come "Mirror Plane".

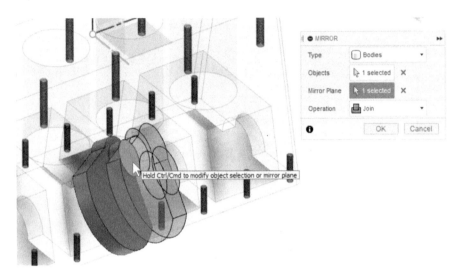

Figura 178: Copia del primo 1/8 dell'albero motore, seleziona "Bodies" sotto "Type", il piano di specchio deve essere il perno dell'albero (vedi puntatore del mouse).

In "Operation" nelle "Options" possiamo lasciare "Join" per questo passo, dato che vogliamo ottenere solo un corpo e la guancia è già correttamente allineata. Il secondo ottavo dell'albero motore è finito. Per i prossimi 2/8 duplichiamo la parte dell'albero motore creata in precedenza in questo passaggio. Seleziona il corpo, seleziona "Mirror Plane", in questo caso il lato del perno dell'albero che poggia nel carter.

Tuttavia, ora dobbiamo fare un piccolo cambiamento in "Operation", poiché vogliamo creare un nuovo corpo per il momento, quindi seleziona "New Body".

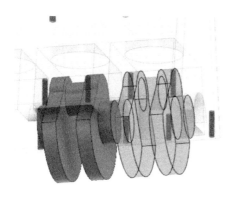

Figura 179: Crea il secondo quarto dell'albero motore; in "Operation": seleziona "New Body"

Perché un nuovo corpo? Perché, come possiamo vedere ora, questo quarto dell'albero motore deve ancora essere ruotato di 180 gradi intorno - in questo caso - all'asse x in modo che sia in opposizione all'altro quarto. Altrimenti tutti i pistoni funzionerebbero allo stesso modo, ma solo due dei quattro pistoni devono essere sempre nella stessa posizione. Questo è il motivo per cui abbiamo creato il nuovo corpo, perché altrimenti non saremmo in grado di ruotare questo quarto dell'albero indipendentemente dall'altro. Per la rotazione usiamo semplicemente il comando "Move/Copy" dal menu "Modify". Poi dobbiamo semplicemente selezionare un'origine per il movimento o nel nostro caso la rotazione. Per fare questo, nascondiamo il primo corpo dell'albero a gomiti per poter selezionare meglio il centro del perno dell'albero del secondo corpo come origine. Abbiamo bisogno del centro del perno dell'albero del cuscinetto principale.

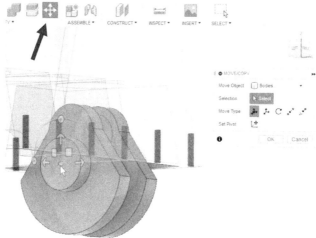

Figura 180: Seleziona il centro del cuscinetto principale del secondo quarto dell'albero motore (vedi puntatore del mouse; il primo quarto dell'albero motore è nascosto).

Ora possiamo spostare il corpo usando le frecce o, nel nostro caso, ruotarlo intorno all'asse destro usando la piccola manopola. Abbiamo bisogno di 180 gradi, quindi mezzo giro. Conferma con "OK". Vediamo che i perni dell'albero per le bielle sono ora nella posizione corretta.

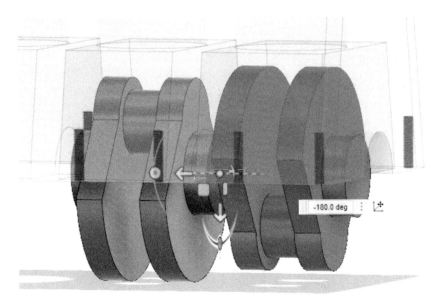

Figura 181: Rotazione del secondo quarto dell'albero motore intorno all'asse z di -180°.

Prima di continuare, allunghiamo il perno dell'albero motore, che è un po' troppo corto a causa del rispecchiamento. Questo può essere fatto facilmente senza uno schizzo 2D usando "Extrude" o "Press Pull". Seleziona semplicemente il comando, seleziona la superficie e tira la freccia, ad esempio 30 mm di lunghezza.

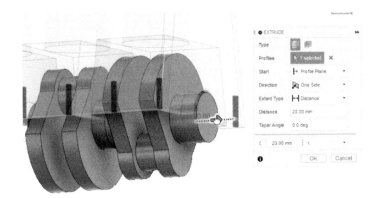

Figura 182: Allunga il cuscinetto principale esterno del mezzo albero motore di 30 mm.

Ora vogliamo collegare le due parti esistenti dell'albero a gomito, ora dimezzato, di nuovo insieme per riunire i due corpi. Per questo usiamo la funzione "Combine" dal menu "Modify". Seleziona corpo e comando, nelle opzioni sotto "Operation", seleziona "Join" e premi "OK".

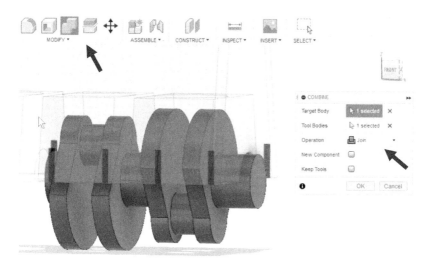

Figura 183: Riunire i due segmenti dell'albero motore con "Combine"

Questo approccio ci ha già fatto risparmiare un bel po' di lavoro. Per continuare a velocità esponenziale, raddoppiamo il nostro albero motore mezzo finito un'ultima volta. Questa volta possiamo di nuovo lasciare "Join" invece di "New Body" come tipo di connessione, dato che l'allineamento è corretto. Con un clic, l'albero motore è finalmente quasi finito.

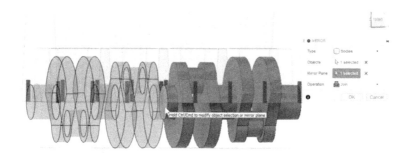

Figura 184: Creiamo la seconda metà dell'albero a gomiti "Mirror" il cuscinetto principale centrale

119

Cosa manca ancora? Per prima cosa, alcuni filetti, che vorremmo fare come segue: 10 mm sui bordi delle transizioni nelle zone inferiori dei longheroni e 5 mm sui bordi delle transizioni nelle zone superiori. Avremmo anche potuto integrare questi filetti nello schizzo dei longheroni.

Figura 185: Arrotonda i bordi con 10 mm e 5 mm, o a tua discrezione.

E poi 3 mm di filetti per i bordi sulle facce laterali dei longheroni e dei perni dell'albero. Per farlo, seleziona semplicemente l'intera faccia laterale.

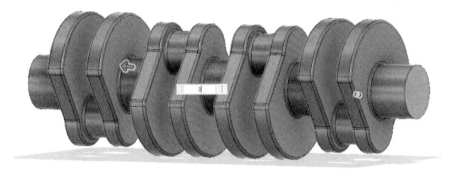

Figura 186: filetti di 3 mm per i bordi delle facce laterali (già creati qui)

Inoltre, manca ancora il giunto all'alloggiamento dell'albero motore. Per fare questo, selezioniamo semplicemente l'origine del giunto, ad esempio centrata sul perno dell'albero con cui abbiamo iniziato, e selezioniamo la seconda origine del giunto, centrata sul cuscinetto principale dell'alloggiamento dell'albero motore. Selezioniamo "Revolute" come tipo di giunto. Perfetto, finalmente tutti i componenti per il nostro modello di motore notevolmente semplificato sono pronti.

Figura 187: Le origini del giunto per il giunto tra albero a gomiti e alloggiamento

Alla fine del capitolo, vorremmo naturalmente collegare tutte le bielle all'albero motore e far funzionare virtualmente il nostro motore. Sprint finale!

Per il momento, mostreremo solo le bielle dei singoli cilindri una dopo l'altra e le collegheremo all'albero motore per migliorare la chiarezza. Prima di fare questo, nascondiamo il carter. Il collegamento o la creazione dell'articolazione è di nuovo relativamente poco spettacolare. Centra la prima origine del giunto nell'occhio inferiore della biella e centra la seconda origine sul perno dell'albero motore.

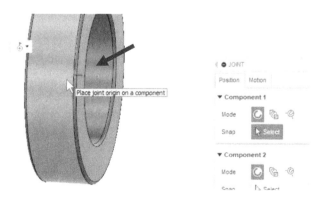

Figura 188: L'origine del primo giunto deve essere nell'occhio inferiore di una biella (centro).

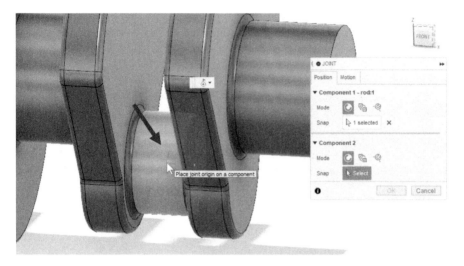

Figura 189: L'origine del secondo giunto deve essere centrata sul rispettivo cuscinetto principale dell'albero motore.

Il tipo di giunto in questo caso è "Cylindrical". Poi appare un avviso perché abbiamo selezionato il tipo di giunto "Revolute" per il pistone e un movimento laterale non sarà quindi possibile. Tuttavia, non ne abbiamo bisogno in questo caso e quindi può essere ignorato. In realtà, però, è necessario un leggero gioco. Ma non così tanto gioco laterale come avremmo nel nostro modello, ma solo nell'ordine del decimo di millimetro. Procediamo analogamente per le altre bielle. Quando tutto è collegato, possiamo prima mostrare tutte le parti e rendere il carter trasparente con un clic destro sul suo corpo e selezionando "Opacity Control" - che parola - , secondo i gusti, ad esempio con il 30%.

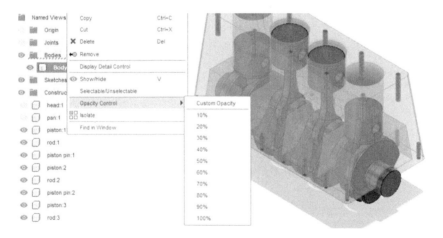

Figura 190: Rendere i carter trasparenti

Per concludere il capitolo, ora vogliamo far funzionare il nostro motore virtualmente. Se abbiamo posizionato tutti i giunti correttamente, questo non dovrebbe essere un problema. Per fare questo, troviamo il giunto dell'albero motore con l'alloggiamento dell'albero motore e clicchiamoci con il tasto destro del mouse.

Selezioniamo "Animate Model" e, allacciate le cinture per favore, il motore è in funzione! Se sei arrivato fin qui, rispetto. Puoi davvero essere orgoglioso di te stesso! A proposito, puoi terminare l'animazione del giunto semplicemente premendo il tasto "ESC".

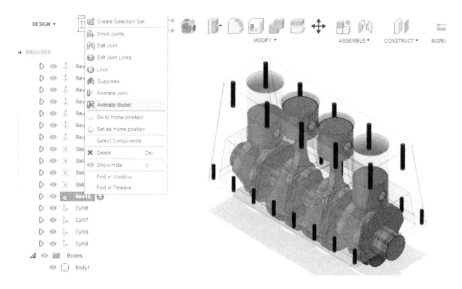

Figura 191: Animare il giunto dell'albero motore: Clicca con il tasto destro del mouse sul giunto ->
"Animate Model"

Prima di passare alle prossime sezioni di Fusion 360, guarderemo prima le schede del menu "Surface" e "Sheet Metals" dalla sezione "Design" nei capitoli seguenti.

5 Le schede: superficie "Surface" e lamiera "Sheet Metal"

5.1 Superficie "Surface"

Nei progetti di costruzione, abbiamo lavorato esclusivamente nella scheda "Solid". Questa è probabilmente la scheda di cui avrai bisogno più spesso. Nella scheda "Surface" puoi lavorare solo con le superfici. La differenza con il "Solid" è fondamentalmente solo lo spessore degli elementi di costruzione. Tuttavia, è più una questione di superfici.

In linea di principio, la procedura per creare tali superfici è analoga alla sezione "Solid", cioè se inizi uno schizzo 2D su un piano desiderato, troverai nell'ambiente 2D gli stessi strumenti della scheda "Solid".

Figura 192: La scheda "Surface" della sezione "Design" con i comandi e le funzioni

Se ora disegni una linea e un rettangolo, per esempio, puoi poi creare una superficie in modalità 3D utilizzando la funzione "Extrude", che è ormai familiare.

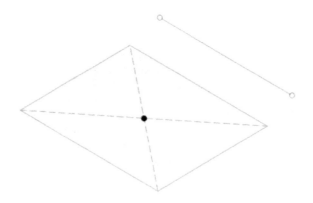

124

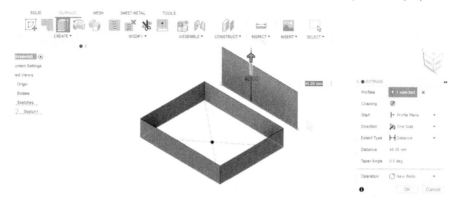

Figura 193: Disegna superficie e linea (in alto); Crea elementi di superficie 3D con Extrude

Come puoi notare, l'elemento non ha profondità/spessore perché, come ho detto, è solo un elemento d'area.

Nella sezione "Create" troverai di nuovo molte funzioni familiari, così come nella sezione "Modify". Ci sono anche alcuni nuovi comandi qua e là, come "Stitch" e "Unstitch".

Con "Stitch" puoi trasformare molto velocemente una forma di superficie chiusa in un corpo solido. Cioè potresti modellare una superficie complessa nell'area "Surface" e poi trasformarla in un corpo solido con il comando "Stitch".

Proviamo a farlo su una superficie sferica. Disegna una metà di un cerchio su qualsiasi piano e ruotalo di 360 gradi nell'area "Surface" → "Create". Come possiamo vedere nella vista in sezione, ora abbiamo creato solo una superficie sferica.

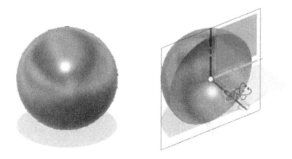

Figura 194: Creare una sfera e visualizzare la vista in sezione

Tuttavia, possiamo trasformarla in un corpo solido con il comando "Stitch" selezionando la superficie o tutte le superfici per una parte più complessa.

125

Figura 195: Esecuzione del comando "Stitch" per creare un corpo solido

Se attiviamo di nuovo la vista in sezione, vediamo attraverso il tratteggio, che ci viene mostrato un corpo solido.

Figura 196: Il tratteggio nella vista in sezione ci dice che abbiamo un corpo solido

Il comando "Unstitch" funzionerebbe analogamente nell'applicazione inversa.

Con "Extend" puoi, per esempio, allungare singole aree.

Dato che personalmente ho bisogno di modellare la superficie solo molto raramente, questa breve introduzione dovrebbe essere sufficiente. L'unica cosa che devi ricordare è che la scheda "Surface" dovrebbe essere sempre utilizzata per le superfici e che può essere utilizzata in modo relativamente analogo alla scheda "Solid" per quanto riguarda le funzioni e i comandi.

Puoi utilizzare il metodo di modellazione delle superfici, per esempio, se vuoi ricreare una forma complessa dalle superfici, cioè creare solo l'esterno di una parte perché la parte sarebbe difficile da costruire come corpo solido, e poi solo dopo trasformarla in una parte solida.

Questo è ciò che significa "Surface" ed assume un significato solo per i corpi con superfici complesse, dato che possiamo modellare meglio forme molto complesse con molti piccoli elementi di superficie individuali.

5.2 Lamiera "Sheet Metal"

Passiamo ora alla scheda "Sheet Metal". È di grande importanza se vuoi costruire dei fogli. I comandi e le funzioni in questa scheda sono progettati appositamente per questo.

Naturalmente potresti anche progettare la lamiera con "Solid", ma vedrai tra un momento perché dovresti invece lavorare con "Sheet Metal". Un primo suggerimento: principalmente rende più facile trattare le curve, le anse, gli srotolamenti e altri elementi e caratteristiche specifiche della lamiera.

Se vuoi costruire un elemento in lamiera curva, come questo elemento,

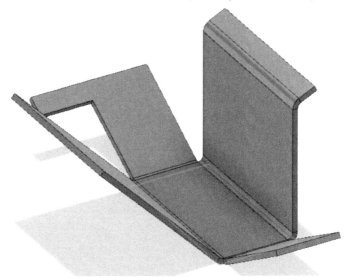

Figura 197: Esempio per la scheda "Sheet Metal"

In pratica, cioè nel laboratorio artigianale, hai bisogno di un pezzo di lamiera tagliato in una forma di base, che poi pieghi o lavori in forma. Questa forma di base, chiamata anche svolgimento, può essere facilmente creata con Fusion 360 in questa sezione, se costruisci semplicemente il corpo della lamiera finito già piegato.

127

Fusion 360 | Passo dopo passo

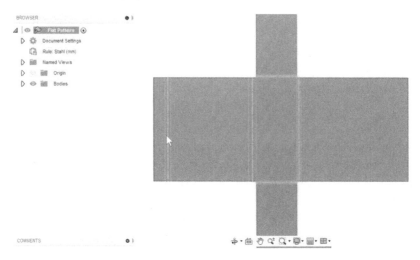

Figura 198: Lo sviluppo del campione precedentemente illustrato; generato dal programma

Questo significa che disegni il corpo di lamiera desiderato e finito e poi semplicemente fai in modo che il programma generi lo svolgimento, cioè le dimensioni e le geometrie per i documenti di produzione.

Vediamolo con l'esempio mostrato. La procedura per la costruzione è molto simile, ma ancora una volta un po' diversa, come se stessi lavorando nella sezione "Solid". Andiamo!

Per il pavimento o l'elemento base creiamo un foglio iniziando un nuovo schizzo su un piano. Poi disegniamo ad esempio, un profilo rettangolare per il nostro elemento di base.

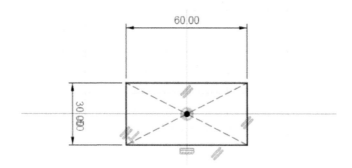

Figura 199: Disegna un profilo rettangolare su un piano (60 mm x 30 mm) come al solito.

Ora, normalmente useremmo il comando "Extrude" in modalità 3D, ma <u>non</u> lo facciamo qui. Questa è una delle più grandi differenze nell'area della costruzione di lamiere. Ora costruiamo il nostro corpo in lamiera con il comando "Flange". Per farlo, seleziona il comando e il profilo abbozzato. Devi solo cliccarci sopra, lo spessore è già preselezionato. Vedremo perché è così e come puoi cambiare lo spessore tra un momento.

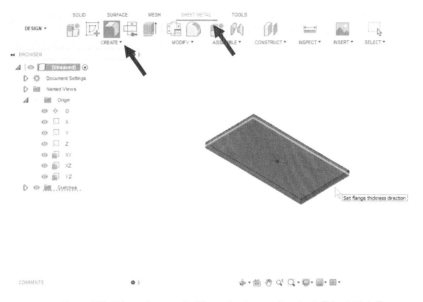

Figura 200: Usiamo il comando "Flange" e siamo nella scheda "Sheet Metal".

A sinistra nella struttura ad albero, puoi vedere che il simbolo è ora cambiato in "Sheet Metal" ed è stato aggiunto l'elemento "Rule". Questo contiene il materiale e tutti i parametri importanti specifici per le costruzioni in lamiera come il "fattore K" o le condizioni di piegatura. Se necessario, puoi passare ad un altro materiale qui.

Figura 201: Richiamo dei parametri specifici del foglio sotto "Rule" nella struttura ad albero

Per modificare le Regole della lamiera, cerca questa voce nella sezione Modifica.

129

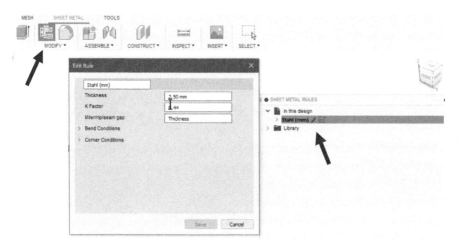

Figura 202: Richiama le "Sheet Metal Rules" dalla sezione "Modify" e cambiale se necessario

Ora puoi cambiare tutti i valori rilevanti con il simbolo della piccola matita, ma si raccomanda di cambiare solo lo spessore del foglio e di chiedere al tuo fornitore di fogli i parametri o di lasciarli con i valori di default.

Cosa succede dopo? Per continuare a costruire il nostro corpo in lamiera, ora usiamo di nuovo il comando "Flange". Dopodiché, selezioniamo sempre i bordi o gli schizzi. Dato che il nostro foglio è relativamente semplice, selezioniamo semplicemente il bordo laterale dell'elemento di base e lo tiriamo su con la freccia mostrata.

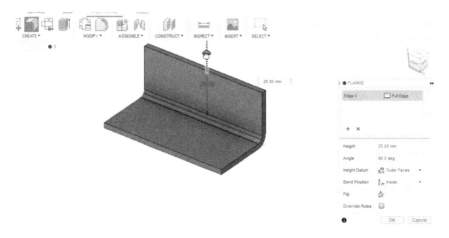

Figura 203: Aggiungere un'altra flangia all'esempio

Come puoi vedere, il programma ora crea il materiale immediatamente con la curva corretta. Nella finestra delle opzioni sulla destra puoi cambiare tutti i parametri importanti, ad esempio l'angolo di piegatura o la posizione di piegatura.

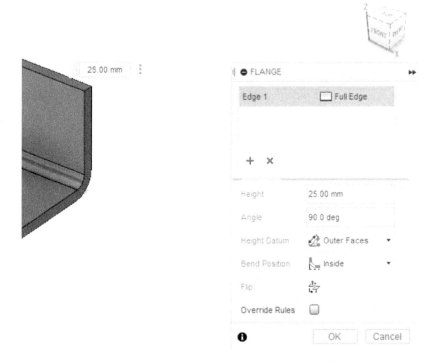

Figura 204: Le possibili opzioni per il comando "Flange"

Costruiamo anche gli altri elementi mancanti del nostro foglio di esempio.

Figura 205: Gli elementi ancora mancanti del campione (angoli / lunghezze liberamente selezionabili)

131

Invece dei bordi, possiamo, come già detto, anche selezionare un profilo abbozzato con "Flange" se, per esempio, vogliamo posizionare un elemento della lunghezza desiderata. Una linea è sufficiente per questo scopo.

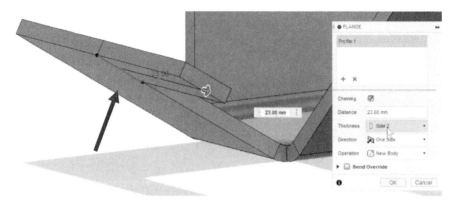

Figura 206: Disegna una linea sulla superficie laterale di un lembo ed estrudi con "Flange"; seleziona il lato corretto (qui per esempio "side 2") per "Thickness"

A proposito, puoi anche utilizzare i comandi corrispondenti delle altre sezioni, come "Combine" dalla scheda "Solid", per riunire le sezioni del foglio in un unico corpo.

Ulteriori lavorazioni, come la creazione di un foro o di smussi o l'arrotondamento dei bordi, procedono come al solito.

Nell'area "Sheet Metal" ci sono tre importanti funzioni che vorremmo esaminare. In primo luogo, il comando "Bend", in secondo luogo, il comando "Unfold" e in terzo luogo, "Create flat pattern".

Il comando "Bend" può essere utilizzato per creare una curva. Questo comando è semplice come sembra. Per esempio, se vuoi piegare nuovamente un elemento del corpo in lamiera, disegna semplicemente una linea di piegatura dove vuoi piegare il corpo in uno schizzo 2D sulla superficie dell'elemento.

Poi seleziona il comando "Bend" (da "Create" in "Sheet Metal"), prima la superficie da piegare e poi la linea di piegatura. Ora puoi piegare la lamiera lungo questa linea nell'orientamento desiderato.

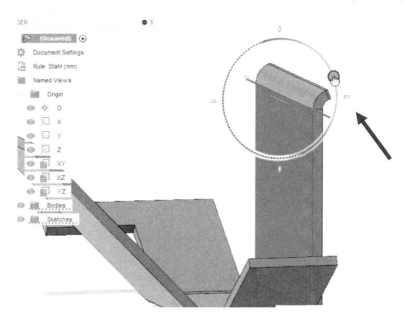

Figura 207: Seleziona una linea creata su una superficie in uno schizzo 2D come linea di piegatura utilizzando il comando "Bend"

Per creare lo svolgimento dalla nostra lamiera per i documenti di produzione, possiamo da un lato utilizzare il comando "Unfold" dalla sezione "Modify" (scheda "Sheet Metal"). Per fare questo, seleziona prima la sezione del foglio che deve rimanere ferma, cioè quale parte del foglio deve essere dispiegata, ad esempio questa.

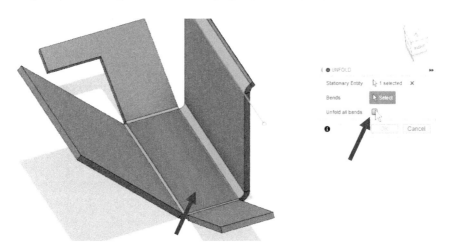

Figura 208: Comando "Unfold"; la parte stazionaria è l'area blu

Nella barra delle opzioni, seleziona "Unfold all bends", per esempio, per selezionare tutte le curve, o seleziona solo le singole curve.

Per i documenti di produzione veri e propri, tuttavia, dovresti utilizzare il comando "Create Flat Pattern" dalla sezione "Create".
Per fare questo, seleziona di nuovo una sezione stazionaria e verrai poi trasferito all'area di lavoro "Flat Pattern".

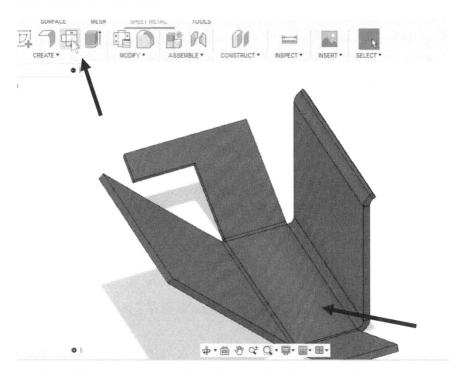

Figura 209: Seleziona il comando "Create Flat Pattern" e definisci un'area fissa (vedi frecce).

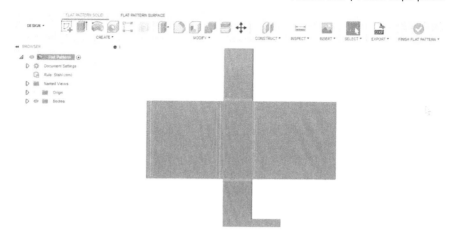

Figura 210: Area di lavoro "Flat Pattern" con ulteriori opzioni di modifica

Se tutto corrisponde, clicca su "Finish" e vedrai lo "sviluppo" generato nella struttura ad albero sulla sinistra. Puoi poi esportare lo sviluppo generato per la produzione o creare da esso un disegno tecnico.

Figura 211: Lo "Flat Pattern" generato nella struttura ad albero

Alla faccia della sezione "Design" e della costruzione CAD! Ottimo lavoro finora!

Assicurati di continuare ad esplorare tutto il potenziale di Fusion 360. Nella prossima sezione daremo prima uno sguardo a "Render" e "Animation" prima di passare a "Simulation" e alle altre aree.

Sezione II: Rendering e animazione

In questa parte del corso ci occuperemo delle due sezioni "Render" e "Animation". Hai bisogno di queste due sezioni ogni volta che vuoi presentare parti singole o assemblaggi già costruiti staticamente - cioè sotto forma di immagine - o dinamicamente, cioè sotto forma di video, per la presentazione di un prodotto, per un sito web, per una riunione o semplicemente per la tua cerchia di amici. È, per così dire, uno studio fotografico e cinematografico integrato per gli oggetti costruiti.

6 Rendering

In questa lezione iniziamo con l'ambiente "Render", che puoi selezionare nel menu in alto a sinistra. Useremo uno dei nostri progetti di costruzione di oggetti, cioè la tazza con manico.

Figura 212: passare all'area di lavoro "Render" nel programma

Come puoi vedere, l'ambiente del programma è di nuovo pressoché identico a quello che già conosciamo. A sinistra c'è la struttura ad albero e in alto c'è la scheda "Render" con le singole funzioni o comandi.

Una novità nell'area inferiore è la "Rendering Gallery", dove possiamo salvare gli elementi già renderizzati.

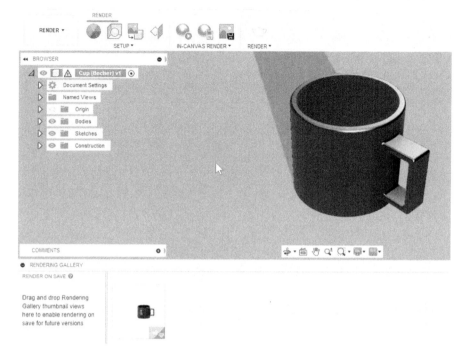

Figura 213: L'ambiente del programma nell'area di lavoro "Render"

A proposito, il rendering qui significa semplicemente che un grafico o un'immagine viene generato dalle informazioni geometriche del componente CAD. Naturalmente, se sei di fretta, puoi anche semplicemente fare uno screenshot. Tuttavia, una grafica renderizzata sarà significativamente diversa per risoluzione e realismo, ma richiederà anche più tempo per essere creata.

Proviamo tutto passo dopo passo. Per prima cosa, ovviamente, puoi nascondere tutti gli elementi che non vuoi nell'albero della struttura cliccando sui piccoli simboli "occhi", ma nel nostro caso questo non è necessario perché abbiamo solo la tazza come parte singola. Nel secondo passo possiamo cambiare l'aspetto ("Appearance") del nostro oggetto.

Possiamo usarlo per trasferire l'aspetto e la consistenza di certi materiali al nostro intero oggetto di costruzione o solo a singole superfici. Una varietà di materiali è disponibile per la selezione. Per esempio, potremmo semplicemente avere la coppa rappresentata in bronzo per una volta.

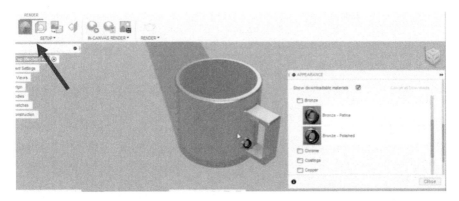

Figura 214: Cambia l'aspetto ("appearance") del nostro oggetto. Seleziona il materiale desiderato e trascinalo sulla tazza tenendo premuto il pulsante del mouse.

Seleziona semplicemente il materiale o il suo aspetto e poi trascinalo sul corpo o sulla superficie con il pulsante del mouse premuto. Perfetto, a proposito, il risultato finale è visibile solo quando tutto sarà stato renderizzato. Con il pulsante "Scene Settings" possiamo quindi modificare per così dire, la nostra scenografia, cioè lo sfondo e l'ambiente. Qui puoi selezionare un'impostazione predefinita dalla "Environment Library", ad esempio "Warm light" e cambiare impostazioni specifiche come la posizione dell'ombra o il colore dello sfondo o anche la prospettiva della telecamera in "Settings". È meglio provare da soli molte impostazioni diverse in modo da trovare qualcosa che si adatta meglio a te.

Figura 215: Cambia le impostazioni della scena (sfondo) o "Scene Settings". Seleziona il preset desiderato o crealo tu stesso e trascinalo con il pulsante del mouse premuto.

Con il comando "Decal", possiamo applicare un'immagine, in questo caso ad esempio, un'etichetta, alla nostra tazza. Seleziona semplicemente un'immagine adatta dalla tua collezione, seleziona una superficie su cui deve essere posizionata e poi regola le dimensioni e la posizione utilizzando le opzioni o le frecce e i cursori.

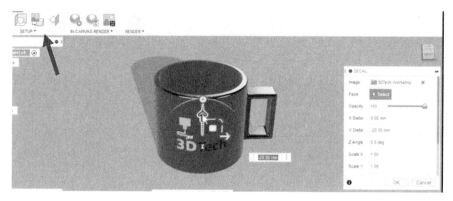

Figura 216: Applicare un'etichetta o un adesivo con "Decal" all'oggetto

Con il comando "In-Canvas Render" o "Render in Viewport" possiamo creare una rapida anteprima del rendering nell'ambiente del programma e fare uno screenshot con "Capture Image".

Figura 217: "In-Canvas Render" può essere utilizzato per l'anteprima

Tuttavia, il rendering effettivo viene avviato con il comando "Render". Basta cliccare sulla teiera e poi fare le impostazioni desiderate. Prima di fare questo, devi prima salvare il progetto. Puoi scegliere tra diverse risoluzioni preimpostate o specificare le tue sotto "Custom". Più alta è la risoluzione e la qualità del rendering, più tempo ci vorrà. Sotto "Render with" possiamo semplicemente selezionare "local", cioè sarà il nostro PC a fornire la potenza di calcolo.

Figura 218: L'attuale funzione "render" dell'area di lavoro

Poi avvia semplicemente il rendering e aspetta. Il file e il progresso vengono visualizzati in basso nella "Rendering Gallery". Cliccandoci, puoi aprire la grafica renderizzata e salvarla o cancellarla. Come puoi vedere, anche la posizione gioca un ruolo importante, cioè come ruoti e muovi l'oggetto della costruzione corrisponde a come sarà reso alla fine.

Figura 219: Aprire l'immagine renderizzata con un doppio clic nella Galleria di rendering

Questo è tutto per il rendering, non c'è molto altro da discutere in questo ambiente. Ora continueremo con l'ambiente "animazione" e poi torneremo ad argomenti più interessanti.

7 Animazione

Per le possibilità nell'ambiente "Animation" del programma, usiamo il modello che abbiamo costruito del nostro motore a 4 cilindri. Come puoi vedere, l'ambiente è di nuovo strutturato come lo conosciamo già, con la differenza che la "Animation Timeline" si trova nell'area inferiore.

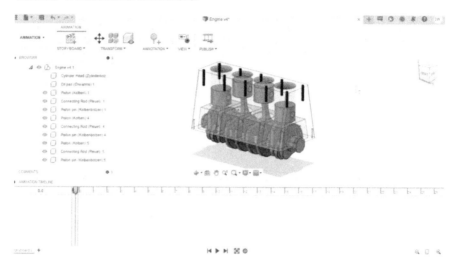

Figura 220: L'ambiente del programma "Animation" con la "Animation Timeline" (sotto)

Ora vorremmo creare una specie di video in cui i pistoni nei cilindri si muovono su e giù e vengono zoomati in alcune posizioni diverse. Sfortunatamente, non possiamo renderlo semplice come nell'ambiente di progettazione e animare solo il giunto dell'albero motore, perché i giunti purtroppo non vengono visualizzati in "Animation", ma solo i componenti. Ecco perché in questo caso animiamo solo i pistoni. Se l'intero funzionamento del motore deve essere catturato in un video, è più facile animare il giunto dell'albero motore nell'ambiente "Design", come avevamo già fatto. E poi creiamo un video screencasting, cioè una registrazione dello schermo, con un software esterno. Per il resto, l'animazione è molto complessa.

Torniamo all'area "Animation". Per l'animazione, ora dobbiamo dare ad ogni singolo componente un movimento in questo ambiente, ma la direzione del movimento è indipendente dal giunto. Per farlo, usiamo il comando "Transform components" dalla sezione "Transform". Per prima cosa nascondiamo tutti gli altri componenti in modo che rimangano solo il carter e il pistone.

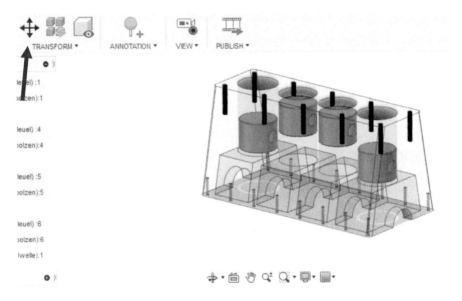

Figura 221: tutti gli elementi non necessari sono cancellati; pistone e carter rimangono

Prima di iniziare, dobbiamo impostare il cursore nella linea temporale su una durata, ad esempio su 2 secondi, perché questo è quanto dovrebbe durare la prima scena. Se poi ingrandiamo il modello, notiamo che una funzione di registrazione è già stata creata, perché questo avviene automaticamente quando selezioniamo una durata temporale e facciamo un movimento dell'ambiente del programma o uno spostamento del componente o un'altra azione.

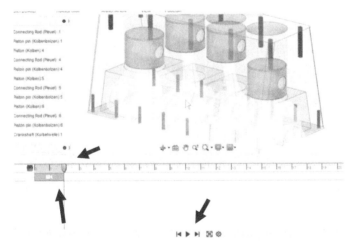

Figura 222: Una caratteristica della telecamera (blu chiaro) viene creata automaticamente dopo che abbiamo impostato la linea temporale a 2 sec. e fatto un movimento con il mouse nell'ambiente di disegno; riproducibile con Play.

Questa funzione riflette già lo "zoom", possiamo giocarci facendo clic su Play. Altrimenti usiamo il pulsante "View" per sopprimere la funzione di registrazione.

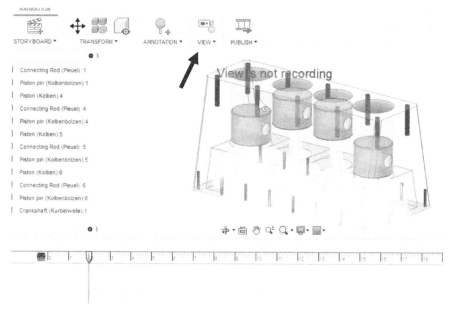

Figura 223: sopprimere la funzione di registrazione automatica della vista con "View"

Ma prima, il primo movimento dei pistoni. Per il primo movimento selezioniamo il comando "Transform Components" e due pistoni, ognuno alla stessa altezza. Copiamo il movimento con il nostro mouse o inseriamo il valore con la tastiera, in questo caso +80 mm in direzione z per i primi due pistoni.

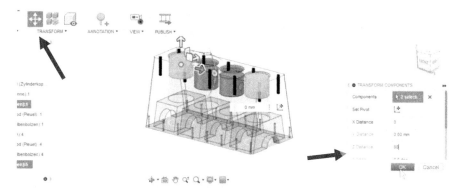

Figura 224: Seleziona i due pistoni esterni e inserisci +80 mm

Questo movimento richiede quindi 2 secondi. Siamo perciò al segno dei 2 secondi nella linea temporale. Per il movimento degli altri due pistoni, dobbiamo rimanere per il momento al segno dei 2 secondi nella linea temporale, dato che questi componenti devono muoversi allo stesso tempo. Selezioniamo gli altri due pistoni e inseriamo -80 mm in direzione z per "Transform Components".

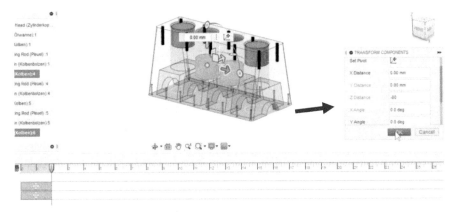

Figura 225: I due pistoni centrali dovrebbero muoversi verso il basso di - 80 mm

Se poi premiamo "Play" possiamo guardare la prima scena.

Per la seconda scena abbiamo bisogno esattamente dei movimenti opposti. Quindi per i primi due pistoni - 80 mm e gli altri + 80 mm. Per fare questo, prima impostiamo la linea temporale a 4 sec. Questo perché questo movimento dovrebbe durare 2 secondi, esattamente dopo il primo movimento.

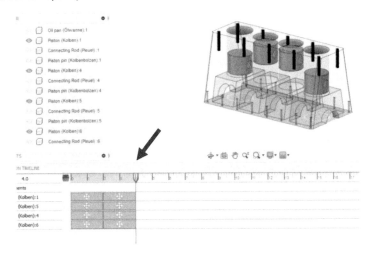

Figura 226: Alla fine, ci devono essere otto caratteristiche di registrazione per un ciclo nella linea temporale, due per pistone o quattro per 2 sec.

144

Poi dobbiamo ripetere il tutto per tutto il tempo di durata del video. Piuttosto dispendioso in termini di tempo, per dirla tutta.

In questi 4 secondi vorremmo finalmente aggiungere uno zoom o un cambio di vista, per questo rimaniamo con i 4 sec. sulla linea temporale e semplicemente eseguiamo il movimento di zoom o di vista che vogliamo ottenere.

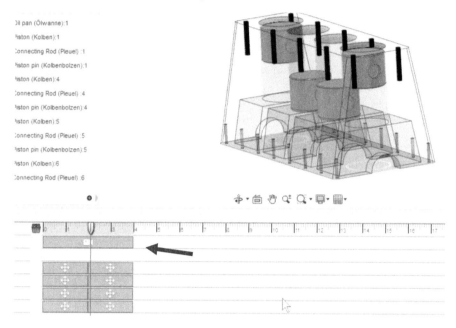

Figura 227: Esegui un movimento della vista (ruota, sposta o altro) e premi "Play".

La breve animazione è pronta! Con un clic su "Publish" potremmo poi salvare il nostro video con le impostazioni desiderate.

Figura 228: Pubblica l'animazione con "Publish" o salvala nel formato desiderato.

145

Sezione III: Simulazione, fabbricazione e disegno

In questa parte finale del corso, le cose si fanno davvero interessanti in quanto guardiamo le sezioni "Simulation", "Manufacturing" e "Drawing". La sezione Simulazione ti permette di simulare i carichi e il comportamento dei materiali. Forse il termine FEM, cioè il "Metodo degli elementi finiti", significa qualcosa per te. Senza entrare nel dettaglio di questo complesso principio, dovresti almeno averne sentito il nome e sapere che il software FEM può essere utilizzato per simulare i carichi e il comportamento dei materiali di un componente. In questo corso pratico, ci occupiamo esclusivamente dell'applicazione della metodologia. Le sezioni "Manufacturing" e "Drawing", che seguono, sono necessarie per la produzione diretta della macchina da un lato e per creare disegni tecnici come documenti di produzione, dall'altro.

8 (FEM) simulazione

8.1 Introduzione alla simulazione e al primo studio di simulazione

Figura 229: Lo scopo di questo capitolo: simulare un carico con il modello CAD del moschettone

Vorremmo utilizzare il moschettone creato in uno dei progetti di design come esempio per conoscere l'ambiente "Simulation" di Fusion 360. Con l'ambiente "Simulation" possiamo simulare i carichi e ottenere come risultato valori come: le sollecitazioni risultanti nel componente o gli spostamenti risultanti, in termini semplificati, ad esempio la flessione di un componente sotto un carico applicato.

Per farlo, apriamo il file e poi passiamo al menu "Simulation" nell'opzione di selezione in alto a sinistra. La prima finestra che appare è "New Study", in cui possiamo selezionare quale simulazione vogliamo realizzare. Per esempio, possiamo scegliere tra la simulazione di stress statico, stress termico o stress statico non lineare.

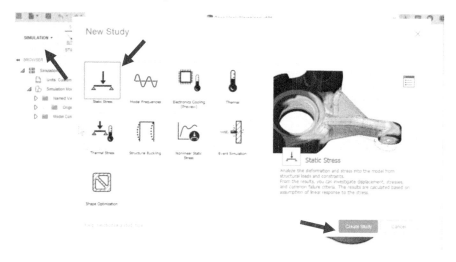

Figura 230: Apri il file del moschettone e passa all'area "Simulation"

In questo corso per principianti ci occupiamo esclusivamente di quella che è probabilmente l'applicazione più comune: il carico statico. Questo è il motivo per cui lo selezioniamo. Con un clic su "Create Study" iniziamo un nuovo cosiddetto studio di carico. Questo viene poi visualizzato con tutte le opzioni e le impostazioni rilevanti a sinistra nella struttura ad albero sotto le cartelle dell'oggetto.

Nell'area "Simulation" c'è solo la scheda del menu "Setup" nella barra del menu superiore, dove cambiamo tutte le impostazioni di cui abbiamo bisogno per la simulazione. Se vogliamo calcolare diverse situazioni di carico, per esempio simulare due diversi punti di applicazione della forza, possiamo anche creare diversi studi di questo tipo, per questo dovremmo semplicemente cliccare su "New Study".

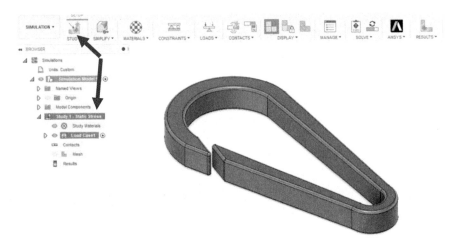

Figura 231: L'ambiente del programma nella sezione "Simulation"

Per la simulazione di un carico su un componente, procediamo successivamente in cinque passaggi. Questa procedura è relativamente identica per ogni studio, solo il contenuto differisce. Prima di iniziare con uno studio del carico, consideriamo prima se ha senso semplificare un po' il nostro componente. Questo ha senso se abbiamo un componente geometricamente molto complesso o un grande assemblaggio con molti componenti che non contribuiscono al calcolo. Più complesso è il calcolo, più lungo è il tempo di calcolo. Nel nostro caso, tuttavia, possiamo lasciare la geometria così com'è.

Figura 232: Se clicchiamo sul comando "Simplify" nella barra dei menu (immagine in alto), si apre la barra dei menu dell'area "Simplify" (immagine in basso), in cui potremmo fare semplificazioni a solidi e superfici; poi chiudiamo di nuovo l'area con "Finish Simplify"

Il secondo passo è controllare se il materiale corretto è stato assegnato al nostro componente. Per fare questo, usiamo il menu "Materials". Cliccando su "Study

Materials" si apre una finestra in cui vengono visualizzati i rispettivi materiali per tutti i componenti.

Figura 233: Cliccando su "Study Materials" nel menu "Materials" si apre una finestra

In questo caso ne abbiamo solo uno, perché è una parte singola. A seconda di ciò che abbiamo selezionato come materiale nella costruzione - l'acciaio è selezionato di default - ci viene mostrato sotto "Name". Nel campo "Study Materials" possiamo ora selezionare il materiale del componente per questo studio. Al momento è impostato su "Same as model", quindi per il nostro studio di carico viene utilizzato il materiale reale dell'oggetto, cioè l'acciaio. Se vogliamo selezionare un materiale diverso, ad esempio per un altro studio di carico, lo selezioniamo semplicemente dal menu a tendina. In alternativa, possiamo cambiare il materiale nell'ambiente di progettazione, ma questo richiederà più tempo per studi multipli. Per questo semplice moschettone, ora selezioniamo per esempio, "aluminum" come materiale per il calcolo, poiché l'acciaio in questo caso, avrebbe un modulo di elasticità troppo alto per aprire il moschettone, cioè avrebbe una resistenza troppo alta alla deformazione.

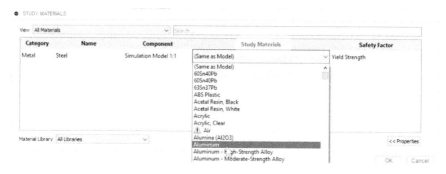

Figura 234: Seleziona alluminio nel menu a tendina per "Study Materials"

Cliccando su "Properties", possiamo anche visualizzare le proprietà preimpostate del materiale come la densità, il modulo di Young, ecc.

Figura 235: Visualizzazione delle proprietà del materiale dopo la selezione del materiale

Il terzo passo prima di poter iniziare un calcolo della simulazione è quello di selezionare "Constraints" e "Contacts" per il calcolo.

Abbiamo bisogno di "Contacts" solo per un assemblaggio con diversi componenti, perché con "Contacts" definiamo il trasferimento del carico tra i singoli componenti, cioè i punti di connessione tra i componenti. Daremo un'occhiata più da vicino a questo aspetto nel secondo esempio.

Quindi qui dobbiamo solo definire i "Constraints". I "Constraints" nell'area "Simulation" rappresentano semplicemente dei vincoli. Cioè, in quali punti o superfici il nostro componente è fissato nello spazio o come o dove è sostenuto.

Pensalo in termini molto pratici: dovresti prendere il moschettone in una mano e lo terresti con il palmo della mano contro il dorso o premendo il dorso contro il palmo della mano, ecco perché abbiamo scelto la superficie posteriore del moschettone per la conservazione.

Per questo creiamo un vincolo con il comando "Constraints" o anche "Structural Constraints".

Figura 236: Fissa il retro del moschettone con il "Constraint": "Fixed"

Qui possiamo scegliere tra "Fixed", "Pin", "Frictionless", ecc. Per il moschettone scegliamo "Fixed" come vincolo più semplice e assumiamo come semplificazione che si applica in tutte le direzioni, cioè il moschettone non si muove nel palmo della mano.

Poi, nel quarto passaggio, abbiamo ovviamente bisogno di un carico. Pensiamo a come viene effettivamente caricato il moschettone.

Nella presente geometria, l'elemento anteriore del moschettone viene caricato premendo per allargare l'apertura del moschettone, ad esempio per infilare una corda.

Per esempio, si premerà con l'indice e/o il medio contro il bordo superiore del moschettone, cioè appena prima dell'apertura.

Per la simulazione di questo carico selezioniamo il comando "Loads" o "Structural Loads" e come tipo una forza, cioè "Force".

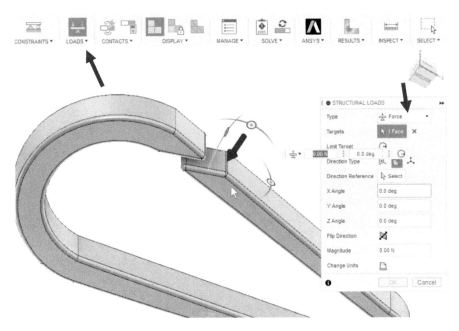

Figura 237: Seleziona la direzione del carico, il punto di applicazione e la forza in "Structural Loads"

Potremmo anche applicare un "carico di pressione", un "momento" o un altro carico qui, a seconda della situazione.

Poi selezioniamo l'arrotondamento anteriore superiore del moschettone, appena prima dell'apertura, e inseriamo un valore per la forza, ad esempio 100 N. Questo corrisponde ad un carico di circa 10 kg. Un uomo, tra l'altro, può applicare fino a 500 N di forza di presa come standard, cioè circa 50 kg, se si sforza di più. Assumiamo qui una direzione perpendicolare della forza sulla superficie. Tuttavia, potremmo anche cambiare qui la direzione del vettore forza.

Allora, abbiamo quasi tutto ciò di cui abbiamo bisogno. Nell'ultimo, quinto passaggio, prima di poter iniziare il calcolo della simulazione e visualizzare i risultati, dobbiamo generare una mesh. Nel metodo FEM, il calcolo viene effettuato utilizzando una mesh con nodi, che viene posizionata sopra il corpo solido. Lo facciamo semplicemente cliccando con il tasto destro del mouse su "Mesh" nell'albero della struttura e selezionando "Generate Mesh" sul lato sinistro. La mesh generata viene quindi visualizzata. In realtà potresti saltare questo passaggio perché il software genera comunque automaticamente la mesh durante il calcolo.

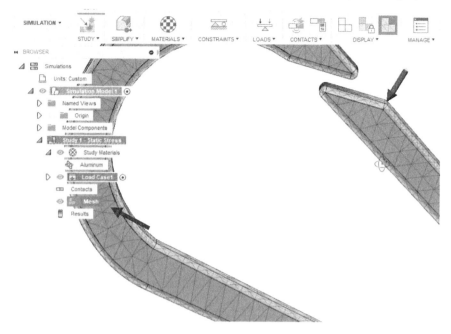

Figura 238: Generazione della mesh mostrata con "Generate Mesh"

Poi facciamo calcolare i risultati premendo il pulsante "Solve" in alto. A proposito, con il "Pre-Check" potremmo controllare in anticipo se tutti i dati rilevanti per il calcolo sono stati inseriti, ad esempio se i vincoli e i carichi sono stati definiti.

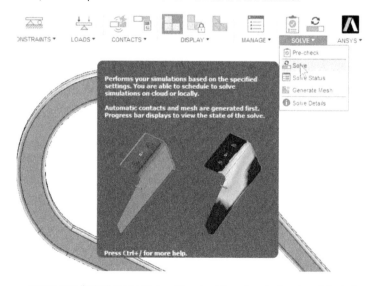

Figura 239: "Solve" per il calcolo e "Pre-check" per il controllo prima del calcolo

Poi possiamo salvare il calcolo risolto nel "cloud" o localmente. Usa il "cloud" se "local" non funziona.

Figura 240: Fai fare il calcolo nella "cloud" o localmente

Quando il calcolo viene completato con successo, ci vengono mostrati i risultati. Dopo il calcolo, ci vengono date informazioni generali sullo studio di stress nella finestra "Result Details". Viene mostrato il fattore di sicurezza minimo, così come le raccomandazioni su come possiamo migliorare o indebolire il fattore di sicurezza se è troppo basso o troppo alto.

Un fattore di sicurezza inferiore a 1 significa che il materiale cederà sotto il carico, un fattore di sicurezza superiore a 1 significa che può sopportare in sicurezza il carico. Se il fattore di sicurezza è troppo alto, si può parlare di "over-engineering" e risparmiare materiale inutile rendendo per esempio, il componente più sottile. Questo fattore viene anche mostrato di nuovo graficamente prima quando chiudiamo la finestra "Job Status".

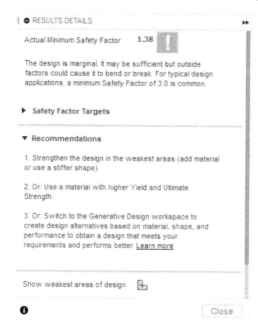

Figura 241: Dopo il calcolo, la finestra "Result Details" si apre con una panoramica iniziale e raccomandazioni per migliorare il modello.

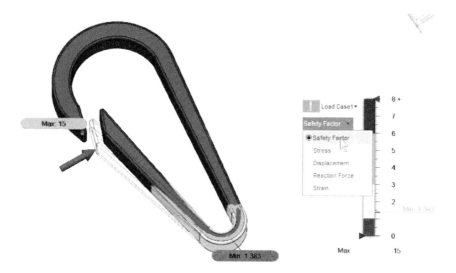

Figura 242: La rappresentazione grafica dopo aver chiuso la finestra "Result Details" e il calcolo; nel menu a tendina puoi scegliere tra diverse opzioni di visualizzazione (Fattore di sicurezza, Sforzo, Spostamento, Forza di reazione, Deformazione)

Il gradiente di colore nel componente indica quale fattore di sicurezza è presente in quale area. Il fattore di sicurezza è più basso nell'area della curvatura inferiore del componente. Questo era anche prevedibile con questo carico di flessione; lo stress nel componente sarà qui anche il più alto. Se il moschettone si rompe quando viene aperto, si romperà prima da qualche parte in questa zona.

Per visualizzare le sollecitazioni o gli spostamenti, apriamo il piccolo menu a tendina nell'area della scala dei colori sotto "Load Case". Possiamo visualizzare "Stress", "Strain", "Displacement" e "Reaction Forces", così come cambiare ulteriori opzioni e cambiare unità. Se guardiamo i "von Mises Stresses", vediamo che probabilmente ci sono circa 198 MPa di stress nella curvatura interna del moschettone.

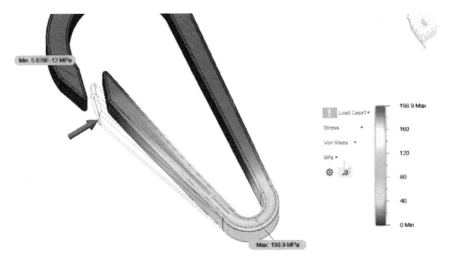

Figura 243: La tensione massima nella zona dell'arrotondamento inferiore del moschettone

Visualizzando lo spostamento, vediamo che con la forza applicata, potremmo aprire il moschettone di circa 2,2 mm nella direzione y.

Da un lato, questo è graficamente esagerato, dall'altro è ovviamente troppo poco per aprire il moschettone. Dovremmo quindi applicare più forza ed eventualmente rinforzare il nostro moschettone nella zona inferiore, se il fattore di sicurezza non fosse più sufficiente.

Figura 244: Lo spostamento massimo nella zona di apertura del moschettone

Perfetto! Questa era la prima parte della sezione "Simulation".

Con questa conoscenza, possiamo già simulare un semplice componente per una situazione di carico. Nella seconda parte, daremo un'occhiata al nostro modello di motore. Resta sintonizzato, continua in modo emozionante!

8.2 Esegui uno studio di simulazione con un assemblaggio

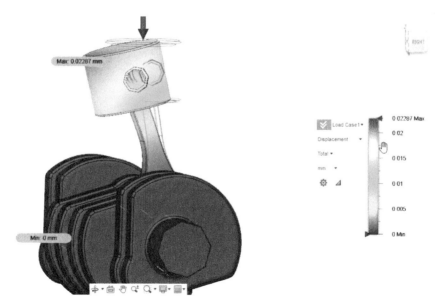

Figura 245: Lo scopo di questo capitolo è simulare il nostro modello di motore

In questo capitolo vogliamo approfondire le nostre conoscenze e abilità nella simulazione per mezzo di un assemblaggio. Ci sono alcune piccole differenze tra le singole parti da considerare qui. Abbiamo scelto il nostro esemplare di motore a 4 cilindri come modello. Iniziamo un nuovo studio nel modello del motore, di nuovo "Static stress".

Prima di iniziare, semplifichiamo il modello per i nostri scopi. Vogliamo simulare le forze che agiscono su un pistone e per questo considereremo solo un pistone, con spinotto, biella e albero motore. Pertanto, rimuoveremo tutti gli altri componenti. Ho già preparato tutto. Puoi farlo molto facilmente con il comando "Simplify" dalla barra dei menu. Per fare questo, selezioniamo il comando e poi selezioniamo uno o più componenti nell'albero della struttura che non sono necessari e, dopo aver cliccato con il tasto destro, selezioniamo il comando "Remove". Infine, chiudiamo l'area con "Finish Simplify".

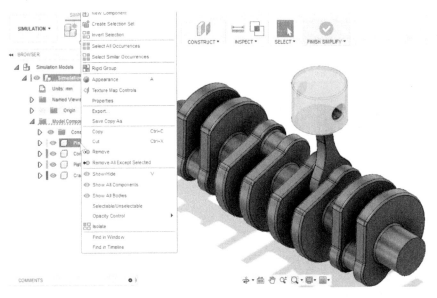

Figura 246: In questa immagine siamo nell'area "Simplify"; clicca con il tasto destro del mouse sul componente nell'albero della struttura e seleziona "Remove"; l'albero motore con la biella, il pistone e lo spinotto dovrebbe rimanere come mostrato

La simulazione in un assieme funziona in modo praticamente identico alla simulazione in una singola parte, cioè dobbiamo prima pensare a semplificare nuovamente il modello, lo abbiamo già fatto. Quindi scegliamo il materiale giusto. Nel nostro caso lasciamo il materiale per tutti i componenti in acciaio, che è quello che abbiamo scelto di default nel progetto. Nel prossimo passo dobbiamo definire i "Constraints" e i "Contacts". Cosa sono i "Constraints" e come li definiamo, lo abbiamo già spiegato nel capitolo precedente. In questo capitolo, però, abbiamo anche bisogno di "Contacts" perché dobbiamo determinare come il carico che in seguito vogliamo applicare verticalmente dall'alto alla superficie del pistone viene trasferito attraverso i componenti. "Contacts" definisce quindi il trasferimento del carico tra i singoli componenti, cioè i punti di connessione tra i componenti.

Ci sono due possibilità qui. Possiamo lasciare che il programma crei da solo gli "Automatic contacts" o usare i "Manual contacts", cioè creare tutti i "contacts" noi stessi. In generale, si è dimostrato utile utilizzare prima gli "Automatic contacts" e poi controllarli manualmente e, se necessario, cambiarli secondo i propri desideri.

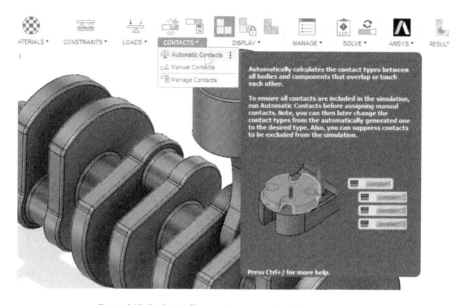

Figura 247: Scelta tra "Automatic contacts" e "Manual contacts"

Una volta che abbiamo creato "Automatic contacts", possiamo vedere le connessioni create cliccando su "Manage Contacts". Nel nostro caso abbiamo bisogno di: connessioni tra pistone e spinotto, tra spinotto e biella, e tra biella e albero motore.

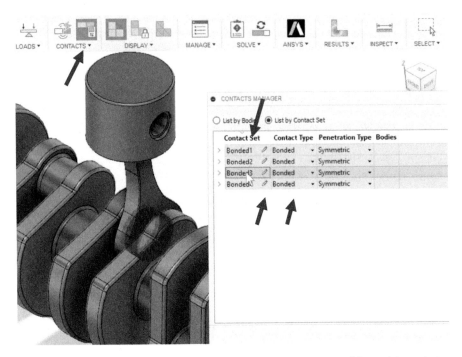

Figura 248: Dopo aver cliccato su "Automatic Contacts" e "Manage Contacts" (barra dei menu), ci vengono mostrati i contatti che sono stati creati.

Se clicchiamo sulla piccola icona a forma di matita di un "Contacts" creato, possiamo modificarlo.

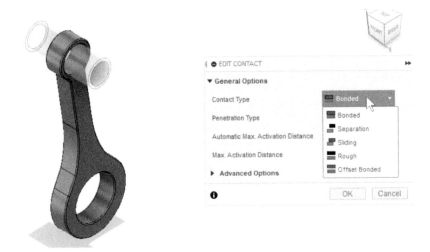

Figura 249: Modifica di un contatto creato automaticamente (clicca sull'icona della matita di un contatto; vedi figura precedente) e poi seleziona "Contact Type".

Possiamo selezionare il "Contact Type" nelle impostazioni generali. Ci sono sei tipi di contatto di base disponibili. "Automatic Contacts" ha il tipo "Bonded" selezionato di default, che corrisponde ad uno stato di connessione fissa o bonded. Nel nostro caso, lasciamo tutti i "Contact Types" impostati su "Bonded" per eseguire un calcolo semplificato sul nostro modello anch'esso già semplificato.

Tuttavia, vedremo brevemente più da vicino come selezionare il corretto "Contact Types" in un calcolo più dettagliato e accurato. Per fare questo, è importante conoscere le sequenze di movimento di un modello. Nel nostro caso, per esempio, sappiamo che la biella è montata in rotazione nei due occhielli della biella, il che significa che qui deve essere possibile un movimento rotatorio. È anche importante conoscere i singoli "Contact Types". Puoi scegliere tra "Bonded", "Separation", "Sliding", "Rough" e "Offset Bonded".

"Bonded", come già detto, riflette una connessione fissa, incollata per così dire, con "Offset Bonded", ma un "offset", come suggerisce il nome, può essere impostato tra i due componenti, cioè un contatto tra i corpi può essere impedito da una distanza. "Separation" permette ai corpi di allontanarsi l'uno dall'altro durante il caricamento. Lo "Sliding" non permette ai componenti di allontanarsi l'uno dall'altro, ma le superfici possono muoversi tangenzialmente l'una verso l'altra, cioè scorrere l'una sull'altra. "Rough" in definitiva permette ancora un movimento completo o anche parziale l'uno dall'altro e in realtà assomiglia ad un giunto con un attrito statico molto alto. Nel nostro modello, tuttavia, usiamo solo "Automatic Contacts" con il tipo "Bonded" in questo corso per principianti.

Cosa ci manca ancora per un calcolo? Esattamente! "Constraints", cioè la fissazione nello spazio, così come un carico che viene applicato. Come "Constraints" selezioniamo tutte le superfici dell'albero a gomito con cui l'albero a gomito è montato nel carter. Li fissiamo in tutte le direzioni e selezioniamo come "Type": "Fixed", il che significa che in questo caso simuliamo che l'albero motore non si muova, normalmente ruoterebbe. Tuttavia, vogliamo simulare solo un caso statico e non dinamico.

161

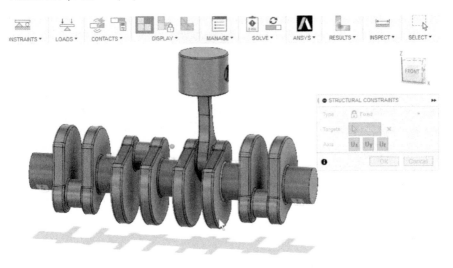

Figura 250: Usare i cuscinetti principali dell'albero motore come supporti ("Structural Constraints")

Infine, definiamo un carico, perpendicolare alla superficie del pistone, ad esempio 1000 N.

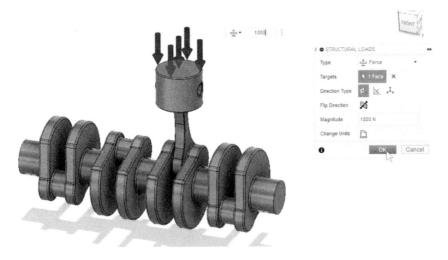

Figura 251: 1000 N dovrebbero agire sulla superficie del pistone

Ora potremmo creare la mesh, ma con un clic su "Solve", il programma lo farà automaticamente.

Dopo che il modello è stato calcolato con successo, possiamo di nuovo visualizzare i risultati desiderati come "stress", "strain" o il fattore di sicurezza. Nel nostro caso, possiamo vedere come la biella si deformerebbe sotto il carico. Naturalmente questo è ancora una volta molto esagerato.

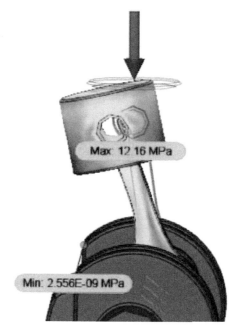

Figura 252: La deformazione dell'albero della biella sotto carico può essere vista chiaramente

A proposito, con l'aiuto della scala sul lato destro, possiamo anche limitare il campo di visualizzazione e quindi, per esempio, visualizzare solo le aree con tensione molto alta.

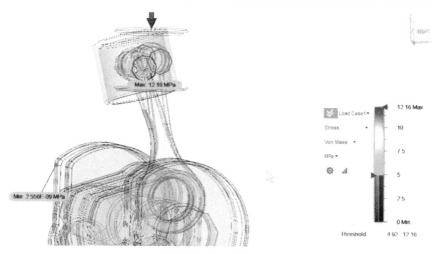

Figura 253: Limitare la scala con il cursore per visualizzare solo una certa gamma di valori.

Molto bene! Questo dovrebbe essere sufficiente come introduzione al mondo della simulazione FEM con Fusion 360. Hai imparato come eseguire uno studio di carico su una singola parte e su un insieme.

Casi di studio più avanzati e altre applicazioni andrebbero oltre lo scopo di questo corso per principianti. Non vedo l'ora di continuare con il corso avanzato!

Ma non preoccuparti, il corso non finisce qui. Infatti, nella prossima lezione parleremo di un'altra eccitante caratteristica di Fusion 360. Vediamo ora la sezione del menu "Manufacture", con la quale puoi pianificare in modo ottimale la produzione di un singolo pezzo!

9 Fabbricazione "Manufacture"

Bentornato! In questa penultima lezione del corso ci occuperemo di CAM. CAM è l'abbreviazione di "Computer Aided Manufacturing" e descrive la pianificazione assistita dal computer della fabbricazione di un componente, che viene prodotto per esempio, con l'aiuto di una macchina CNC. Una delle funzioni principali dell'area "Manufacture" è quella di creare "Toolpaths" per gli utensili. Possiamo poi esportarli, per esempio come file "gcode", e inviarli all'utensile, per esempio la CNC. Diamo un'occhiata a questo argomento in questa lezione usando un esempio. Per fare questo, costruiremo prima una parte molto semplice e poi daremo un'occhiata alle barre dei menu e alle funzioni dell'area "Manufacture". Costruiamo la parte di esempio molto semplice usando le seguenti dimensioni e come mostrato qui sotto.

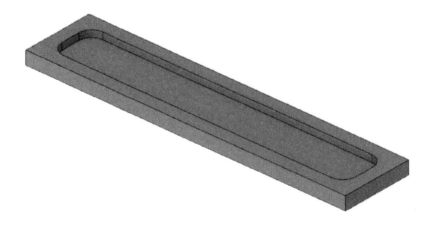

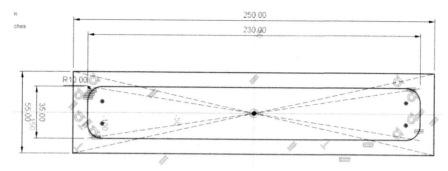

*Figura 254: Costruiamo la parte mostrata con le dimensioni indicate
(estrusione di 10 mm, profondità di 5 mm per il taglio).*

Poi passiamo all'area "Manufacture" e per prima cosa diamo un'occhiata alla barra del menu nell'area superiore. Qui ci sono le schede del menu "Milling", "Turning", "Additive", "Inspection", "Fabrication" e "Utilities". Nelle aree da "Milling" a "Additive", troverai sempre il comando o la funzione "Setup", così come i comandi importanti per il rispettivo tipo di produzione.

Figura 255: I metodi di produzione "Milling", "Turning" e "Additive"

Ora ci occuperemo della pianificazione della produzione del nostro esempio. Per fare questo, dobbiamo passare alla scheda "Milling", dato che vogliamo fresare l'incavo nel nostro componente. Per prima cosa dobbiamo creare un "Setup", cioè fare delle specifiche generali, e selezionare il nostro prodotto semilavorato, cioè il materiale di partenza.

Figura 256: Selezioniamo "Setup" nell'area "Milling"; si aprirà una finestra

Nell'area "Setup" selezioniamo prima la nostra macchina, qui come esempio una macchina a 3 assi. Poi l'"Operation Type". Abbiamo bisogno di "Milling". Un'altra impostazione importante è il posizionamento e l'orientamento del sistema di coordinate del pezzo "WCS". Orienta il sistema di coordinate in modo che abbia senso per la rispettiva operazione o macchina. Per "fresare", per esempio, l'asse z dovrebbe puntare verso l'alto e gli assi x e y determinano il piano di fresatura. Nel nostro caso, l'allineamento è già corretto. Per l'origine, è meglio scegliere un punto sul bordo del componente.

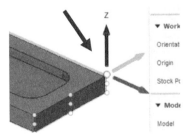

Figura 257: Imposta il sistema di coordinate "WCS" su un punto del bordo

Poi passiamo all'area "Stock" nel menu di comando "Setup" e inseriamo qui le informazioni sul nostro materiale di partenza. A seconda della "Mode" selezionata, possiamo inserire informazioni sulle dimensioni del prodotto semilavorato. Per esempio, possiamo inserire dimensioni definite con "Fixed size box" o "Cuboide a dimensione fissa" e specificare dove il modello dovrebbe essere posizionato all'interno del materiale di origine. Dato che non vogliamo modificare le superfici esterne del nostro materiale e supponiamo di aver già tagliato le dimensioni corrette, selezioniamo "from solid" e il componente.

Figura 258: Seleziona "From Solid" nella voce "Mode" sotto "Stock"

Il nostro materiale di partenza reale per il lavoro di fresatura è ora identico alle dimensioni esterne del nostro modello CAD virtuale. Possiamo quindi chiudere il menu "Setup". Per determinare il percorso di lavoro della fresa per la creazione dell'incavo, selezioniamo un comando adatto nell'area 2D. Come possiamo vedere, ci sono una grande varietà di comandi qui, ed è meglio dare un'occhiata più da vicino uno dopo l'altro. Nel nostro caso abbiamo bisogno del comando "2D Pocket" con il quale creeremo il percorso di lavoro della fresa per l'incavo.

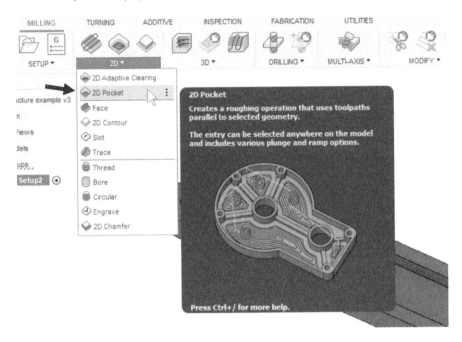

Figura 259: Il comando 2D "2D-Pocket" con cui freseremo l'incavo

Si apre un menu in cui ora dobbiamo modificare alcune impostazioni. Per prima cosa selezioniamo il nostro strumento di fresatura desiderato nell'area "Tool".

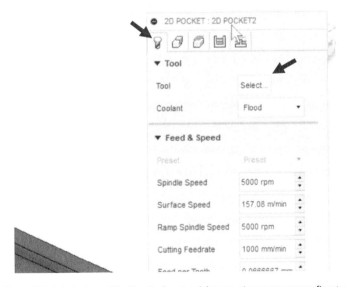

Figura 260: Selezioniamo "Tool" nella finestra del menu, si apre una nuova finestra.

Puoi trovarne uno nella libreria di Fusion 360 o crearne uno tuo. In questo caso, scelgo una fresa da 5 mm con un'estremità piatta come esempio. Nella sezione inferiore "Cutting Data", ci vengono suggeriti i parametri di processo più adatti a seconda del materiale e del tipo di lavorazione. Per esempio, vogliamo fresare l'alluminio.

Figura 261: Seleziona un utensile nella nuova finestra e visualizza i dati di taglio (sotto)

Ora vediamo la testa dell'utensile con la fresa in visualizzazione trasparente che si libra sopra l'origine del nostro sistema di coordinate del pezzo. Inoltre, i parametri per le impostazioni degli utensili sono stati ripresi.

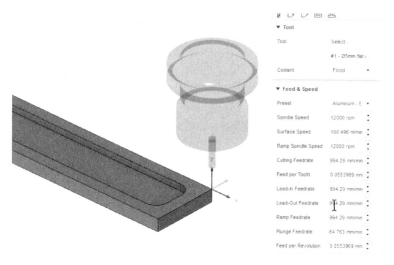

Figura 262: La testa dell'utensile simulata è visualizzata in modo trasparente

169

Se lo desideri, questi possono anche essere modificati individualmente. Poi dobbiamo determinare nell'area "Geometry" quale incavo in questo caso, vogliamo fresare.

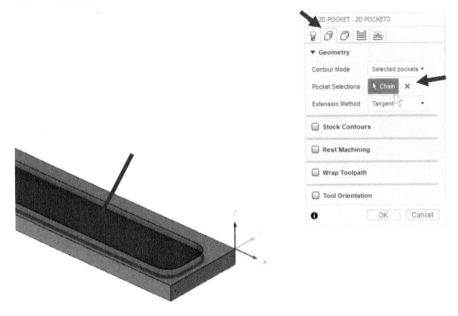

Figura 263: Vai su "Geometry" e seleziona la rientranza (clicca sulla superficie).

Nella scheda successiva "Heights" dobbiamo determinare le altezze in cui l'utensile deve muoversi per le operazioni "Clearance", "Retract" e "Feed", durante la produzione del pezzo.

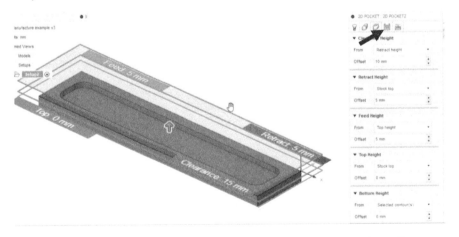

Figura 264: Determina le altezze corrette per le rispettive operazioni con gli utensili

170

A seconda della fresatrice, dovresti regolare questi valori. Nel nostro caso, possiamo lasciare i valori predefiniti. Nelle prossime due sezioni possono essere cambiate altre impostazioni speciali. Ogni campo mostra una breve spiegazione quando ci passi sopra con il mouse o quando selezioni un'opzione. Cerca altre impostazioni importanti per il tuo progetto individuale come richiesto. Se non hai alcuna conoscenza di base in fresatura, tornitura o lavorazione CNC, dovresti lasciare per il momento l'area "Manufacture" e iscriverti a un corso di base per queste tecnologie di produzione o farti mostrare le basi altrove. Nel nostro caso, lasciamo le impostazioni così come sono. Una volta che abbiamo selezionato l'operazione creata "2D Pocket" nell'albero della struttura, possiamo visualizzare lo strumento e il suo percorso di lavoro. Con un clic destro e la selezione di "Simulate" - che puoi trovare anche nel menu sopra - possiamo anche visualizzare una simulazione del processo di produzione.

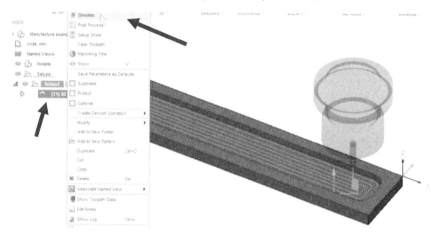

Figura 265: Con un clic destro sulla "2D Pocket" creata nell'albero della struttura e la selezione di "Simulate", il percorso di lavoro dello strumento si anima per noi ("Premi Play")

Molto bene! Potremmo far fresare il nostro primo componente. Tutto quello che dobbiamo fare ora è creare il "gcode", cioè il codice per la macchina.

Lo facciamo con il comando "Post Process" nella barra del menu in alto. In questa finestra selezioniamo prima la configurazione giusta per il tipo di produzione e la macchina e assegniamo un nome.

Poi possiamo specificare una posizione di memorizzazione e creare il "gcode", cioè il codice macchina.

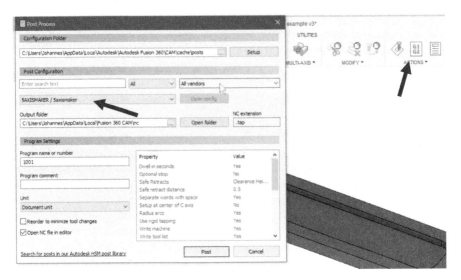

Figura 266: Creazione del "gcode" per la macchina da produrre con "Post Process"

Non discuteremo le altre opzioni della sezione "Manufacture" in modo più dettagliato in questo corso per principianti, poiché questo non sarebbe utile senza un'adeguata conoscenza di base delle singole tecnologie e tipi di fabbricazione e andrebbe oltre lo scopo del corso. Tuttavia, va detto che qui si possono creare anche operazioni per la tornitura e la stampa 3D e per le macchine CNC a 5 assi. Fusion 360 offre qui numerose e funzioni molto utili. Per l'argomento molto eccitante della stampa 3D, ti consiglio di dare un'occhiata al mio corso "Stampa 3D | passo dopo passo", in cui imparerai in dettaglio e passo dopo passo tutto l'hardware e il software necessario per la stampa 3D. Se non produciamo noi stessi un componente, abbiamo anche la possibilità con Fusion 360 di creare disegni tecnici, che possiamo poi passare ad un'azienda produttrice. Vedremo come funziona nel prossimo e ultimo capitolo prima di finire il corso. Ci siamo quasi, passiamo all'ultimo capitolo!

10 Disegno "Drawing"

Benvenuti all'ultimo capitolo di questo corso di Fusion 360! Come già menzionato nel capitolo precedente, se non vogliamo o non possiamo produrre un componente da soli, ad esempio perché non abbiamo le macchine per farlo, possiamo creare un disegno tecnico per un'azienda di produzione. Per fare questo, aggiungiamo prima due fori da 10 mm al nostro modello semplice, che dovrebbero attraversare il componente.

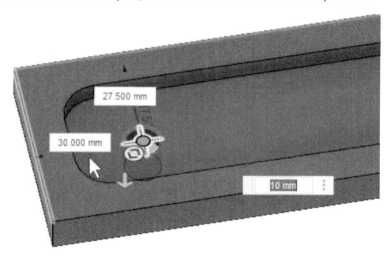

Figuraa 267: Facciamo due fori (a sinistra e a destra 1x ciascuno) con le dimensioni indicate

Per creare un disegno tecnico da questo modello CAD, passiamo alla scheda "Drawing", "From Design" nel menu principale.

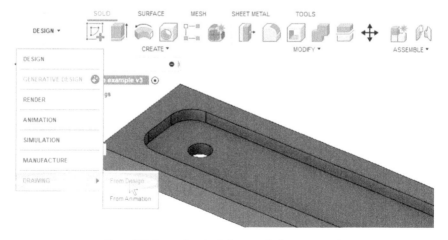

Figura 268: Passa alla scheda "Drawing" - "From Design"

Per prima cosa selezioniamo le impostazioni generali del disegno, cioè possiamo usare un modello o iniziare con un modello vuoto. È anche importante definire le unità e il formato della carta.

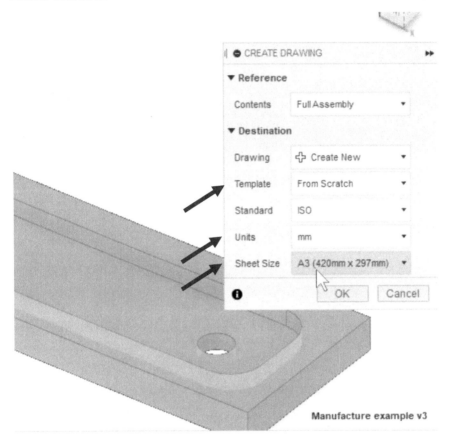

Figura 269: Prima che il programma passi automaticamente all'ambiente di disegno, dobbiamo determinare il formato della carta e le unità

Il programma ci porta poi nell'ambiente per i disegni tecnici. Nel primo passo dobbiamo posizionare la vista di base del componente sul disegno.

Per fare questo, selezioniamo l'orientamento della vista, ad esempio la vista dall'alto, cioè "Top" e scaliamo la vista del disegno come desiderato, ad esempio mettiamolo un po' più grande. Con un clic piazziamo la prima vista.

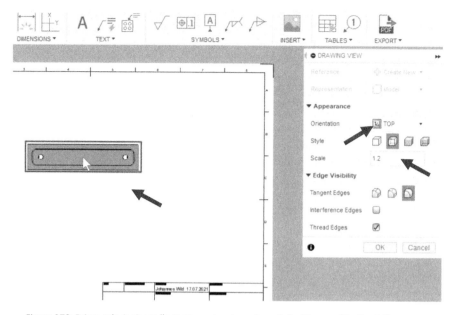

Figura 270: Prima selezioniamo l'orientamento e la scala, poi clicchiamo sul foglio di disegno per impostare la prima vista della parte

A seconda della cosiddetta piegatura, viene creato un disegno tecnico sotto forma di una vista a tre pannelli. In termini semplici, questo significa che il componente viene mostrato dall'alto, dal lato e, se necessario, dal davanti per poter collocare tutte le dimensioni necessarie e altre designazioni. Inoltre, di solito viene aggiunta una vista isometrica per facilitare l'immaginazione spaziale.

Per posizionare una nuova vista, in questo caso una vista derivata, sul foglio, usiamo il comando "Projected View" e creiamo una seconda vista desiderata cliccando sul componente da cui vogliamo derivare una vista.

Figura 271: selezionare la funzione "Projected View" per una o più nuove viste

A seconda di dove muoviamo il nostro cursore del mouse, viene derivata la vista di riferimento. Se ci muoviamo in alto o in basso, per esempio, viene visualizzata la vista dalla parte anteriore o posteriore del componente, e lo stesso vale per i lati. Se ci muoviamo in diagonale, ci viene mostrata una vista isometrica.

175

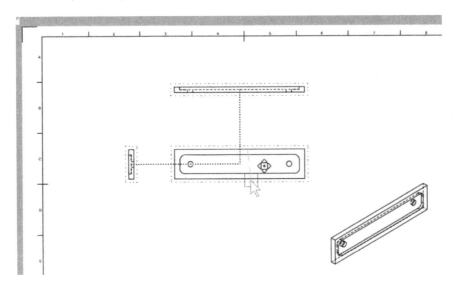

Figura 272: Vogliamo creare le viste mappate usando la vista proiettata

Nel menu in alto a sinistra, possiamo anche creare una vista di sezione: "section view", una vista di dettaglio: "detail view" o rompere la vista: "break view".

Figura 273: Creare diverse viste

La funzione principale per la quotatura si trova in alto nell'area centrale e si chiama, come al solito, "Dimension". Con l'aiuto di questa funzione, possiamo creare dimensioni per il nostro componente.

Figura 274: Dimensionare gli elementi geometrici con "Dimension"

Quasi la stessa cosa di quando si crea uno schizzo 2D, tranne che in questo caso forniamo al nostro componente finito delle dimensioni che sono già definite e servono come informazioni per la produzione.

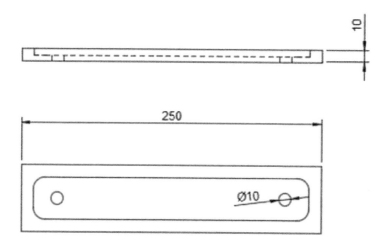

Figura 275: Inserisci diverse dimensioni con "Dimension"

Con gli elementi nell'area "Geometry", possiamo anche disegnare informazioni geometriche, come una linea centrale o, in questo caso, linee di simmetria e centri di cerchio.

Figura 276: Strumenti per il centro / linee di simmetria o centri di cerchio

Per la linea di simmetria selezioniamo semplicemente due linee parallele del componente e per i centri dei cerchi selezioniamo semplicemente i fori o i cerchi desiderati. A proposito, con un clic sulle designazioni delle dimensioni possiamo anche modificarle o aggiungere ulteriori dati, come un numero.

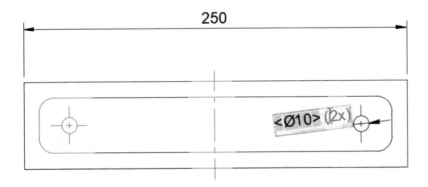

Figura 277: Una vista con linea di simmetria, centri dei cerchi e informazioni sulle dimensioni aggiunte

Perfetto, ora tutte le informazioni di cui un'azienda ha bisogno per la produzione dovrebbero essere già sul disegno. Tutte le lunghezze e le larghezze, così come le posizioni dei fori e degli incavi sono dimensionate.

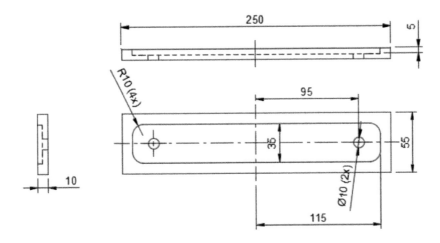

Figura 278: Disegno completamente quotato del nostro pezzo; vista isometrica non mostrata

Se sono necessari dei caratteri speciali per indicare le tolleranze di forma e posizione, le finiture di superficie o anche altri testi, questi possono essere trovati nell'area in alto a destra della barra dei menu.

Figura 279: Caratteri speciali per dimensionare le proprietà della superficie, le tolleranze e altro

A proposito, ulteriori fogli possono essere aggiunti nella barra nella zona inferiore, a seconda dello spazio richiesto. Dopo che il cartiglio è stato riempito con la denominazione, il numero di disegno, il materiale e altre informazioni, il disegno può essere salvato e stampato, ad esempio come ". pdf"!

Figura 280: Aggiungi un nuovo foglio (sotto; simbolo "+") e compila il blocco titolo

179

Chiusura

Molto bene! Ce l'hai fatta, con questo capitolo terminiamo il corso per principianti Fusion 360!

Ora è il tuo turno di approfondire ciò che hai imparato e, soprattutto, di applicarlo. Adesso dovresti avere una padronanza delle funzioni più importanti di Fusion 360 e puoi affrontare nuovi progetti, disegni CAD, simulazioni e tutto ciò che ne consegue sotto la tua responsabilità! Congratulazioni!

In questo corso hai imparato tutte le operazioni e le caratteristiche rilevanti. Questo ti permette di costruire, simulare, renderizzare, animare e produrre o far produrre i tuoi file CAD in modo facile e veloce. Insieme abbiamo fatto molto in questo corso! Sii giustamente orgoglioso di te stesso se sei arrivato fino a questa lezione!

E come detto all'inizio del corso, dai anche un'occhiata alla stampa 3D. È tremendamente divertente e offre grandi benefici quando puoi materializzare le tue costruzioni.

In questo modo, puoi creare parti praticamente dal nulla e avere una soluzione a portata di mano per tutti i tipi di pezzi di ricambio che non sono più disponibili ma che sono urgentemente necessari. Il modo migliore per farlo è utilizzare il mio libro: "Stampa 3D | passo dopo passo".

Se ti è piaciuto il corso Fusion 360, sarei molto felice se mi lasciassi una valutazione e un breve feedback, oltre a raccomandare il libro ad altri! Grazie mille!

Libri su argomenti che potrebbero piacerti anche

Tutti i libri sono disponibili online sulle solite piattaforme di vendita. È meglio cercare semplicemente il titolo o sentirsi liberi di visitare la mia pagina dell'autore. Alcuni dei libri potrebbero non essere ancora stati pubblicati e appariranno o si troveranno presto. Dai un'occhiata ai libri di tua scelta e portali a casa come e-book o paperback!

Stampa 3D:

CAD, FEM, CAM:

181

Fusion 360
Progetti di design
CAD Parte I

10 progetti di design CAD da facili a
moderatamente difficili, spiegati passo
dopo passo per utenti avanzati
Johannes Wild

Elettrotecnica:

ELETTRO
TECNICA
Passo dopo Passo

Fondamenti, componenti &
circuiti spiegati per principianti
M.Eng. Johannes Wild

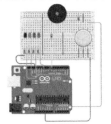

ARDUINO
PASSO DOPO PASSO

Il manuale pratico per principianti con basi
su hardware, software, programmazione e
progetti fai da te
M.Eng. Johannes Wild

Programmazione e altri software :

PYTHON
Programmazione
passo dopo passo

La guida per i principianti per
un'introduzione facile e veloce alla
programmazione con Python
M.Eng. Johannes Wild

Ci sono anche video corsi identici per alcuni di questi libri:

Fusion 360 Passo dopo Passo | CAD,FEM e CAM per principianti
La guida pratica per AUTODESK FUSION 360! Impara la progettazione, la simulazione, la produzione e altro da un ingegnere
M.Eng. Johannes Wild
4.6 ★ ★ ★ ★ ★ (31)
3.5 total hours · 24 lectures · Beginner
Bestseller

Stampa 3D | Una guida passo dopo passo
La guida pratica per principianti e utenti! Un corso per tutti, creato da un ingegnere!
M.Eng. Johannes Wild
4.0 ★ ★ ★ ★ ★ (28)
1.5 total hours · 20 lectures · All Levels

Progettazione CAD per principianti | Impara da un ingegnere
La guida practica alla creazione di oggetti e modelli 3D con software di progettazione CAD gratuito per stampa 3D, ecc.
M.Eng. Johannes Wild
4.2 ★ ★ ★ ★ ★ (6)
1.5 total hours · 15 lectures · All Levels

INVENTOR Passo dopo Passo | CAD & FEM per principianti
La guida pratica per AUTODESK INVENTOR! Impara la progettazione CAD, la simulazione FEM e altro da un ingegnere
M.Eng. Johannes Wild
4.2 ★ ★ ★ ★ ★ (7)
3.5 total hours · 20 lectures · Beginner

...

Per l'acquisto puoi scegliere tra la piattaforma di apprendimento "Udemy":

Cerca il mio nome su www.udemy.com:

M.Eng. Johannes Wild o usa il seguente link:

www.udemy.com/courses/search/?src=ukw&q=m.eng.+johannes+wild

Iscriviti oggi e approfondisci le tue conoscenze!

Impronta dell'autore/editore

© 2022

Johannes Wild
c/o RA Matutis
Berliner Straße 57
14467 Potsdam
Germany

Tel.: +49 15257887206
E-mail: 3dtech@gmx.de
Internet: www.3ddruckworkshop.de

Questo lavoro è protetto da copyright

L'opera, comprese le sue parti, è protetta da copyright. Qualsiasi uso al di fuori degli stretti limiti della legge sul copyright non è permesso senza il consenso dell'autore. Questo si applica in particolare alla riproduzione elettronica o di altro tipo, alla traduzione, alla distribuzione e alla messa a disposizione del pubblico. Nessuna parte del lavoro può essere riprodotta, elaborata o distribuita senza il permesso scritto dell'autore!

Tutte le informazioni contenute in questo libro sono state compilate al meglio delle nostre conoscenze e controllate attentamente. Tuttavia, questo libro è solo a scopo educativo e non costituisce una raccomandazione di azione. In particolare, nessuna garanzia o responsabilità viene data dall'autore e dall'editore per l'uso o il non uso di qualsiasi informazione in questo libro. I marchi e i nomi comuni citati in questo libro rimangono di proprietà esclusiva dei rispettivi autori o titolari dei diritti.

Printed in Great Britain
by Amazon

78077619R00108